中国
系列丛书

人文中国

HUMANISTIC CHINA

（修订版）

秦淑娟　孙益波——
主编

上海教育出版社

图书在版编目（CIP）数据

人文中国：修订版/秦淑娟，孙益波主编.—上海：
上海教育出版社，2021.9
ISBN 978-7-5720-1157-3

Ⅰ.①人… Ⅱ.①秦…②孙… Ⅲ.①中华文化－研
究 Ⅳ.①①K203

中国版本图书馆CIP数据核字(2021)第195391号

责任编辑　邹　楠
封面设计　郑　艺

人文中国（修订版）
秦淑娟　孙益波　主编

出版发行　上海教育出版社有限公司
官　　网　www.seph.com.cn
地　　址　上海市永福路123号
邮　　编　200031
印　　刷　昆山市亭林印刷有限责任公司
开　　本　700×1000　1/16　印张 10.25　插页 2
字　　数　179 千字
版　　次　2021年10月第1版
印　　次　2021年10月第1次印刷
书　　号　ISBN 978-7-5720-1157-3/D·0011
定　　价　58.00 元

人文中国(修订版)

主　　　编：秦淑娟　　孙益波

副　主　编：庚向芳　　刘海泉　　冯国芳

编委会成员：殷　耀　　祁　明　　许　军　　胡永中

　　　　　　张　波　　王红丽　　张国义　　吴正勇

　　　　　　韩　慈　　张　帅　　刘晓海

目　录

序

传承中华文化　增强文化自信

习近平总书记在党的十九大报告中指出："文化自信是一个国家、一个民族发展中更基本、更深沉、更持久的力量。"中国特色社会主义文化，源自中华民族5 000多年文明历史所孕育的中华优秀传统文化，当代大学生既是祖国未来经济建设的主力军，也是中华文化的传承者。因此，高校思想政治教育应积极从中华优秀传统文化中汲取营养，依托传统文化的深厚底蕴，结合当下社会实际，以宏大的历史背景和深刻的文化内涵彰显我们的文化自信。

自上海市教委"课程思政"教育教学改革以来，上海对外经贸大学马克思主义学院在多年通识教育改革的基础上，不断加强课程思政体系的探索和实践，于2016年10月隆重推出了"中国系列"课程——"人文中国"。2018年，该课程获得了2019年度"中国系列"思政课选修课择优出版计划的资助，《人文中国》（修订版）即这门课程的最新成果。该书以课程全新体系和内容编排，力求在教学改革和实践中探索"课程思政"的新路径和新方法。相较初版，修订版扩充了课程内容，改写了一些章节，增加了部分章节，以期体现该课程最新的课程体系和内容。

《人文中国》（修订版）全书内容以"人文情怀""人文精神"为关键词，以第一章"人文情怀和大学精神"为导论，主要涉及"古代经济思想""儒释道""体育文化""史家文化""家庭文化""大学文化"等具体内容，并联系社会主义核心价值观以及中华优秀传统文化在当代社会的传承和发展，力求做到古今对照，以古为本，以今为要，突出这些文化精神在新时代文化传承中的重要意义，希望以讲述优秀传统文化的精神要义来增强当代青年大学生的文化自信。

本书直面青年学生对中国传统文化了解不多、领悟不深的现实问题，秉承"故事中说道理，道理中找方法，方法中育人才"的理念，以"解读中国人文传统，传递中国人文精神，展示中国人文魅力，凝聚中国青年力量"为主线，在编写过程中着重突出"人文精神"：在讲述古代文化中，将古代哲人思想与当代社会相结合，突出文化特点,彰显文化自信,激发学生的使命感和责任感;在讲古代礼数中,以学校体育特色项目"射艺"为切入点,加深学生对中华优秀传统文化的认识和情感;同时,以"人文精神"凸显"情怀",用古代名人故事结合大学校训、大学精神以及学校"感恩教育"传统,为师生打开思政大格局、大视野。

2014年9月,习近平总书记在纪念孔子诞辰2 565周年国际学术研讨会暨国际儒学联合会第五届会员大会开幕会上说:"不忘历史才能开辟未来,善于继承才能善于创新。优秀传统文化是一个国家、一个民族传承和发展的根本,如果丢掉了,就割断了精神命脉。我们要善于把弘扬优秀传统文化和发展现实文化有机统一起来,紧密结合起来,在继承中发展,在发展中继承。"放眼全球和未来,没有高度的文化自信,没有文化的繁荣兴盛,就没有中华民族伟大复兴。所以,"人文中国"教学团队必将持续深入挖掘中华优秀传统文化蕴含的思想观念、人文精神、道德规范,结合时代要求继承创新,让中华文化展现出永久魅力和时代风采,真正达到通过课堂"一心一意收服人心"的核心目标。

由于水平有限,书中不足之处,恳请读者指正!

第一章　大学校训与人文情怀

中国传统文化博大精深、源远流长，每一个时代、每一个方面、每一家之说，甚至某些只言片语，都值得进行深入探究和关注，而我在这方面只能算是略知皮毛。好在课程的导读作用，不在于多么深，而是在于面广，这样一来，我的选择余地就很大了。尽管我在中国传统文化方面的学养远远不够，但我会尽我所能，尽量讲好，希望能够给同学们带来一点启发和帮助，让同学们对中国优秀传统文化更加感兴趣，更加热爱。

有的时候，我们会发现，对于很多问题，不问，觉得是懂的，一问，却发现并不懂，或者了然于心，却不知道如何表达。就以"情怀"为例，我们常常会说，"做一个有情怀的人"，那么，什么是情怀？可以查到的解释是"感情""心境""胸怀"，或者"含有某种感情的心境"，但是总觉得不够全面、准确。我们中国人很多内在的领悟和感受往往是中国人独有的，这与中国文化有关，可以意会，难以言传，言有尽而意无穷。

"情怀"可能是一种感情、一种心境、一种胸怀，或者三者兼而有之。"情怀"前面加上"人文"两个字，指向变得明确。人文情怀不再是指个人的感触和心情，而是一种跳出小我关注大我的胸怀，以国家民族未来为己任，追求的是人的自由发展，追求的是社会的公平正义。

中国人有着自己特有的人文情怀。2 500多年前，儒家提倡的"修身、齐家、治国、平天下"理念，体现出的是"家国一体"的人文理想，这种理想始终深深扎根于每一个中国人的心里，这就是中国人特有的家国情怀。

我的这一讲，以"人文中国"为出发点，简要回顾中华五千年文化的起源和人文精神的核心；以"人文情怀"即中国人的"家国情怀"为线索，简单梳理中国传统人文思想的主要特征；以"大学校训"为落脚点，谈一谈我校校训精神对中国优秀传统文化的传承。

一、"一画开天、文明肇始"与"自强不息、厚德载物"

我们讲人文精神，首先应当知道中华文明的开端与发轫，以及中华民族人文精神的核心是什么。

1. 中华文明的开端与发轫：一画开天、文明肇始

中国传统文化的形成，有一个漫长的历史发展过程。约在5 000多年前或更早的时候就产生了华夏文明，形成了以黄河流域为中心的夏、商、周的汉文化。我们形容中华民族五千年文明的开端与发轫常常用八个字来表示："一画开天、文明肇始"。

"一画开天、文明肇始"讲的就是远古时代的包牺氏，即传说中的圣人伏羲、中华民族的人文始祖，是第一个有文字记载的远古王者[三皇五帝中的三皇是伏羲（太昊）、神农（炎帝）、轩辕（黄帝），此外，仓颉造字的传说是在黄帝时期]，也是中华文化的奠基者。"一画开天、文明肇始"，这一画就是指伏羲当年仰观俯察，把天地万物及其规律化繁为简，用"—"和"- -"符号变化来表示乾、坤、震、巽、坎、离、艮、兑，象征着天、地、雷、风、水、火、山、泽八个自然现象。

事实上，从伏羲观物取象画八卦开始算起，中华民族文明史的开端与发轫的时间可以大大向前推进，距今大约5 000年至8 000年。从三皇五帝、夏、商、周、秦、汉、魏晋、南北朝、隋、唐、五代、宋、元、明、清到今天，中华民族的历史传承与发展从未中断过。

2. 中华民族人文精神的核心：自强不息、厚德载物

要谈论中华民族的传统文化、人文精神的产生与发展，就必须首先要提到一部中国古代经典《易经》。《易经》自古就被称为"群经之首""大道之源"。无论是儒家思想、道家思想，或者其他具有代表性的中国古典思想，无不受到《易经》思想的深刻影响，都能在其中找到源头活水。可以说，《易经》博大精深，是中华文化总源头。

《易经》是怎样形成的呢？《汉书》认为是"人更三圣，世历三古"，"三圣"是指伏羲画八卦，周文王演为六十四卦，孔子作《易传》；"三古"是指上古、中古、下古（即春秋战国时期）。《易经》是中国古代最早涵盖天、地、人三界的哲学著作，为世人提供了一种形象概括世界万事万物本质和规律的思维模式。

"自强不息、厚德载物"出自《易经》中的"天行健，君子以自强不息""地势坤，君子以厚德载物"。自强不息、厚德载物思想，支撑着中华民族生生不息、薪火相传，逐渐积淀为中华民族的内在气质，是中华民族赖以生存和发展的精神支撑。自强不息、厚德载物思想，是中华民族的民族精神核心，这种精神深深根植于中华民族的优秀传统文化之中；是中华民族的文化价值理想的一个集中体现，在漫长的历史长河中已经成为中华民族的共同特性，我们每个中国人都在精神上打上了这个烙印。

古埃及、古巴比伦、古印度和古中国，是世界公认的四大文明古国。但是，四大

文明除了中华文明以外,其余三大文明古国全部都在历史的长河之中销声匿迹了。中华民族绵延五千年靠的就是自强不息、厚德载物的精神,"正是优秀的人文精神铸就了伟大的中华民族精神,培育了中华民族柔韧坚毅的民族性格和品质。也正是历久弥新的人文精神,使中华民族这个大家庭历经磨难而生生不已,国家没有散,文脉没有断,'野火烧不尽,春风吹又生'"。

二、"诸子并存、百家争鸣"与"兼容并蓄、博采众长"

要谈中国人的人文精神与人文情怀,也必须谈及兴起于春秋战国时期的先秦诸子百家思想对中国人的影响。"百家争鸣"可以说是中国历史上的一次思想解放运动,对当时和后来社会历史的发展,起了巨大的推动作用。

1. 诸子并存、百家争鸣

春秋战国时期,是一个处于社会巨变的时代,是一个需要巨人而又产生巨人的时代,也是中华文化极为繁荣的时代。中华文化达到了一个前所未有的高峰,出现了诸如老子、孔子、墨子、孟子、庄子、荀子、韩非子、管仲、商鞅等伟大的先圣哲人,先后兴起了儒、墨、道、名、法、阴阳、农等学派,各具鲜明的个性特征。因此,有人把这个时代称为中国文化的"轴心时代"。

这个时期最活跃的是士(有知识而无话语权,有身份而无地位的最低等的贵族),他们最渴望的是改变现实,其中儒、墨、道、法最具代表性,他们的影响也最为广泛而深远(儒家代表的文士、墨家代表的武士、道家代表的隐士、法家代表的谋士)。诸子百家之中,儒家、道家、墨家、法家的思想对后世影响最大。儒、墨、道、法的思想理念各不相同,各有所长,各有所短,而各家内部思想理念也并非完全统一,也有互相矛盾之处。简而言之,儒家追求大同,以修身为体,以安人为用("穷理正心,修己治人")。道家重视无为,以静为体,以柔为用("不欲以静,驰骋至坚")。墨家体现侠义,以兼爱为体,以相利为用("摩顶放踵,以利天下")。法家主张法治,以势为体,以刑为用("禁奸止过,莫若重刑")。

2. 兼容并蓄、博采众长

儒家作为诸子中最有影响的学派,是中国传统文化的内核。儒家构建的以"仁、义、礼、智、信"为核心的价值体系,在汉武帝"罢黜百家、独尊儒术"之后得到确立,成为中国人的主流意识形态,对中国文化的发展起着规范和制约的作用,时间长达2 000年之久,直到五四运动。

孔子思想的核心：一是"克己复礼"，二是"天下归仁"。他希望用"仁义"挽救"礼崩乐坏"的社会局面，希望人们以"亲亲之爱"为起点，在人与人之间架起一座相互关心、相互帮助的"仁爱"桥梁。

儒家的理想国是"老有所终，壮有所用，幼有所长，鳏寡孤独废疾者皆有所养"的大同社会。《礼记·礼运》中有对大同社会的理想蓝图的描写。我们现在讲的全面建成小康社会中的"小康"一词也最早出自《礼记》，原意是指比理想中"天下为公"的大同社会较低级的发展阶段和社会形态。

儒家社会公德标准是"忠道""恕道"。孔子说"君子之道，忠恕而已"。孔子所讲的"忠"指的是诚信，"恕"指的是体谅。

尽管儒家2 000多年来处于一统地位，但道家、墨家、法家的思想也深深影响着中国社会。对于今天的中国人来说，我们应当对各家学说思想采取兼容并蓄、博采众长的态度。易中天教授对儒家、道家、墨家、法家思想有着精辟的概括和总结，抄录于此，供参考：

墨家关注社会，构造社会理想：平等、互利、兼爱。

道家关注人生，树立人生追求：真实、自由、宽容。

法家关注国家，创造治国理念：公开、公平、公正。

儒家关注文化，建立文化基础：仁爱、正义、自强。

三、中国哲学思想中三个"合一"

当代国内新儒学（多重视角、返本开新、融通中外）代表人物之一汤一介先生提出，中国传统哲学有三个基本命题：天人合一、知行合一、情景合一。他说："中国传统哲学是由一套不同于其他民族的哲学的特殊概念范畴构成的，有三个基本命题：'天人合一''知行合一''情景合一'，这三个基本命题表现着中国传统哲学关于真、善、美的特殊观念，从这些特殊观念出发，形成一个既不同于西方也不同于印度的理论体系。"

哲学是文化的核心，深入学习领会中国传统文化，应当了解中国传统哲学，从汤一介先生提出的中国传统哲学三个基本命题入手，非常有助于我们理解和把握中国传统文化的丰富内涵和精神实质。

1. 中国传统哲学中的"真"：天人合一

"天人合一"是中国传统文化中最基本的思维模式，也是中国传统文化基本精神中最根本的一条。《易经》最早出现的"天人合一"观念，强调三才之道，将天、地、人并立起来，既追求天与人的和谐统一，同时又肯定天与人的区别，强调人的主观能动性。"天人合一"既是儒家的基本概念，也是道家、墨家、法家等一切其他思想体系的出发点和归宿，他们的哲学思想中都包含了"天"和"人"这两个概念以及这两者之间的关系问题，当然，其内涵各有不同。

中国传统知识分子受儒家的"天人合一"思想影响最大，往往要用自己毕生的精力"究天人之际"，实现"天人合一"的理想，努力要达到"天人合一"的至善之境。

"天人合一"的核心是，人与自然不是相互对立的客观存在，人是自然的产物，人性即天道。宋代理学家程颐"性即理也"。而宋代理学开山鼻祖周敦颐提出"万物一体"的思想。汤一介先生认为，为什么要对天命有所敬畏呢？因为人不能把自己看成无所不能的，要承认人是有其局限性的，所以要敬畏某种有宗教性的超越力量。

2. 中国传统哲学中的"善"：知行合一

"知行合一"是明代著名心学家王阳明提出来的，他认为"知是行之始，行是知之成"，提出"知行合一"思想。

中国古代关于知与行的关系，有着不同的见解和论述。《尚书》提到"知之非艰，行之惟艰"，即知易行难。南宋著名理学家朱熹强调"知先行后"，他认为知难行易。

王阳明说的"知"是一种良知，指的是人的道德意识和思想理论，而"行"是指人的道德践履。他反复强调他的核心思想"致良知"。"致"就是实现，是将自己的良知充分发挥出来，而"良知"就是天理。他认为"知"与"行"二者互为表里，不可分离。知必然要表现为行，不行则不是真知，而良知自觉的行，即是知。王阳明著名的"四句教"抄录于此，供大家参考："无善无恶心之体，有善有恶意之动，知善知恶是良知，为善去恶是格物"。

3. 中国传统哲学中的"美"：情景合一

"情景合一"出自明末清初的思想家王夫之和清末民国初的国学大师王国维。王夫之提出："情景名为二，而实不可离。神于诗者，妙合无垠。"王国维也在其《人间词话》中说："昔人论诗词，有景语情语之别。不知一切景语，皆情语也。"景在主体之外，作为客体即为景；景在内，移入主体之心，即化为情，景中生情，情中含景，情景一合，自然妙悟。

王国维是中国近代美学的开创者之一，他的美学思想之一"境界说"，人们耳熟能详。他认为，境界包括自然景物与人的思想感情以及二者的融合。他说，古今之成大事业、大学问者，必经过三种之境界："昨夜西风凋碧树，独上高楼，望尽天涯路"，此第一境也；"衣带渐宽终不悔，为伊消得人憔悴"，此第二境也；"众里寻他千百度，蓦然回首，那人却在灯火阑珊处"，此第三境也。

四、"修身、齐家、治国、平天下"与中国知识分子的家国情怀

什么是家国情怀？家国情怀就是由己及家，由家及国，由国推及天下，家国一体的思想理念和价值取向。自古以来，中国知识分子最大的特点就是有着浓浓的家国情怀。

1. 家国情怀与天下为公

儒家主张"天下为公"，追求大同社会理想，认为每一个人都应该共同承担社会责任，无论是民众，还是大夫，乃至国君，都要自觉修身，"身修而后家齐，家齐而后国治，国治而后天下平"。"修身"是"齐家治国平天下"的基础，"齐家"是"治国平天下"的关键。先扫一屋，再扫天下。

"修身、齐家、治国、平天下"出自儒家经典《大学》，是儒家学说的精髓所在，也是历来中国知识分子尊崇的价值理想。有人评说，儒家文化是"修齐治平"文化，是"修己安人"的文化。孔子说："士不可不弘毅，任重而道远。"孟子讲道："生，亦我所欲也；义，亦我所欲也。二者不可得兼，舍生而取义者也。"在儒家的眼中，以天下之任为己任者即圣人，舍生取义之人即仁人，有德之人即君子，无德之人即小人。（儒家也分君子儒与小人儒，孔子对子贡说，要做君子儒，不要做小人儒。）

2. 家国情怀与理想坚守

古往今来，"修齐治平"文化、"家国情怀"已然潜移默化于中国知识分子的读书明理之中，并且把此作为人生的一种理想和追求，无论人生境遇如何，无论是处庙堂之高还是处江湖之远，都会把自己的人生价值和生命意义深深根植于家国天下之中，为家国天下奔走努力。家国情怀既是一种人生使命，一种责任担当，也是一种对理想的坚守。

鲁迅先生曾说过："我们从古以来，就有埋头苦干的人，有拼命硬干的人，有为民请命的人，有舍生求法的人……虽是等于为帝王将相作家谱的所谓'正史'，也往往掩不住他们的光耀，这就是中国的脊梁！"鲁迅先生所称之为"中国的脊梁"的这些人，就有着对自己理想的执着和坚守。

3. 家国情怀与成仁取义

"家国情怀"就是一个人对自己国家和人民所表现出来的大爱，有如北宋朝张载

说的"为天地立心，为生民立命，为往圣继绝学，为天下开太平"的恢宏气度，也如清朝林则徐所说的"苟利国家生死以，岂因祸福趋避之"的一往无前的决绝。千百年来，深明大义的读书人，也是以国家民族大义为重的人，为了国家和民族利益，成仁取义，能够牺牲个人利益甚至生命，他们是中华民族的脊梁。民族英雄文天祥就义前的绝笔中写道："孔曰成仁，孟曰取义，惟其义尽，所以仁至。读圣贤书，所学何事？而今而后，庶几无愧。"（孔子说成仁，孟子讲取义，只有忠义至尽，仁也就做到了。读圣贤的书，所学习的是什么呢？自今以后，可算是问心无愧了。）

五、中西方大学的起源与发展

1. 欧洲大学的起源与发展

欧洲最早的大学先驱可以追溯到公元前四世纪柏拉图在雅典附近一个叫 Academos 村庄建立的 Academy，主要教授哲学、数学、体育。1087 年，欧洲最早的大学诞生于意大利，十二世纪出现了巴黎大学、牛津大学，剑桥大学始建于十三世纪。欧洲中世纪大学主要学科有神学、法学、医学（欧洲中世纪三大支柱）以及人文学科，其特点是独立性、自主性，实施精英教育。1810 年，威廉·洪堡建立柏林大学，把研究和教学结合起来，被认为是现代大学开端。

2. 中国大学的起源与发展

中国最早的大学可追溯到夏朝（禹、舜）成立"上庠"，《礼记》郑玄注中说："上庠，右学，大学也，在西郊。下庠，左学，小学也。"汉代设太学，隋、唐、明、清称之为国子监。太学或国子监为官办大学。

中国古代的"大学"里都讲授什么？说到大学，我们都会想起古代经典《大学》一书中的一句话："大学之道，在明明德，在亲民，在止于至善。"事实上，这里的"大学"有两层意思：一是指博学，二是相对于小学而言。古人 8 岁小学，学习"小六艺"（礼、乐、射、御、书、数）；15 岁大学，学习"大六艺"（《诗》《书》《礼》《乐》《易》《春秋》）。（四书五经，即《大学》《中庸》《论语》《孟子》《诗经》《易经》《尚书》《礼记》《春秋左传》，四书始于宋代，五经始于汉代）。

3. 春秋时期私学的兴起

私学产生于春秋时期。私学是中国古代私人办的学校，与官学相对而言。宋代以后出现书院，如白鹭书院、岳麓书院、茅山书院等都为私学，用现在的话来说属于私立大学。中国的大思想家、大教育家孔子创办私学，开启了中国私学发展之路，他的教育教学理念是不问出身和家境,广收门徒,有教无类。孔子创办私学意义重大而深远,不仅促进了儒家学说的广泛传播,更为重要的是打破了贵族垄断教育的局面,推动了教育在一定范围内的普及,让平民百姓有机会获得受教育的机会,在中国文化发展历史上具有划时代意义,对中华文明的发展作出了巨大贡献。可以说,平民百姓获得受教育的机会不仅可以使"朝为田舍郎,暮登天子堂"成为可能,更重要的是让来自平民百姓的知识分子能够一展"修齐治平"的人生抱负与家国情怀。

4. 扎根中国办大学

中华民族历来重视教育,始终把教育作为治国安邦的大事。这是中华民族繁衍发展、中华文明绵延不绝的一个重要原因。正所谓"育才造士,为国之本"。当然,近代意义上的高等教育在我国发展只有 100 多年。鸦片战争后,受西方坚船利炮和科技发展的冲击,一批新式教育机构开始在我国设立,北洋大学堂、京师大学堂、南洋大学堂等逐渐发展起来。中国共产党早在革命战争年代就创办了抗日军政大学(现在的国防大学前身)、陕北公学(现在的人民大学前身)、延安女子学院(后并入延安大学)、鲁迅艺术学院(后来的中央学术学院前身)等一批高校。新中国成立以后特别是改革开放以来,我国高等教育实现了快速发展。

习近平总书记反复强调"要扎根中国大地办大学"。这是因为我们国家是拥有5 000 多年历史的文明古国,我们国家有独特的历史、独特的文化、独特的国情,所以,我们必须要扎根中国、融通中外、立足时代、面向未来,坚定不移地走自己的路。

六、大学校训与传统文化

1. 道路自信、理论自信、制度自信、文化自信

如果一个国家、一个社会缺乏共同遵循的价值理想,缺乏普遍认同的思想基础,缺乏凝聚人心的奋斗目标,必定人心不一,思想混乱,一盘散沙。由此可见,社会主义核心价值观对当代中国具有重大意义。习近平总书记强调:"我们说要坚定中国特色社会主义道路自信、理论自信、制度自信,说到底是要坚定文化自信。文化自信是更基本、更深沉、更持久的力量。"

社会主义核心价值观是当代中国精神的集中体现,也是中华优秀传统文化的继承和发展,它所倡导的价值理念具有强大的道义力量,它所昭示的前进方向契合中国人民的美好愿景。

大学的校训是涵养社会主义核心价值观的重要载体。事实上,很多高校的校训

同社会主义核心价值观的内在要求是一致的,比如北京大学的"爱国、进步、民主、科学",清华大学的"自强不息、厚德载物",南开大学的"允公允能、日新月异",武汉大学的"自强、弘毅、求是、创新",等等。

2."诚信、宽容、博学、务实"

我们上海对外经贸大学的校训"诚信、宽容、博学、务实",也充分体现了上海对外经贸大学的特色文化和价值取向。"诚信、宽容、博学、务实"的校训涵盖了"立德、修身、治学、做事"四个方面,既反映了我们学校的办学传统,也展示了学校的精神面貌;既源于中华民族优秀传统文化,也与社会主义核心价值观一脉相承。"诚实守信、宽厚包容、博采笃学、务本求实"是中华优秀传统文化的思想精华。诚信是一种操守,人以诚信立身;宽容是一种修养,人以宽容待人;博学是一种境界,人以博学正业;务实是一种精神,人以务实做事。我们应当大力倡导诚信立身、宽容待人、博学正业、务实做事的学校精神文化,建设特色鲜明的优良校风。

3.春华秋实、桃李芬芳

下面,我想给大家讲讲学校的 3 位杰出校友,透过他们,大家可以更加直观地感受到中华儿女的家国情怀,以及我们学校的精神文化。

第一位获得学校杰出校友称号的是陈炳煌先生,他 1940 年出生于印度尼西亚,是一位有声望的美籍华人;1961 年他曾在我校英语专业就读;80 年代初自创企业;1984 年他与中国和加拿大的农业专家共同在中国农田试验"平衡施肥",目前该项目已经推广到中国 30 多个省,为我国农业现代化作出了一定的贡献;他为人谦虚朴实,乐于助人,热心社会公益事业,香港《地平线月刊》曾以"孤儿院义父办大学"为标题,报道了他长期救济收养弃婴孤儿,并创建印尼多摩韩·舍利佛大学的事迹。

2007 年,学校表彰的杰出校友是在中国与科威特两国建交 35 周年的庆祝大会上接受科威特政府嘉奖的孙渤先生,他也是 2003 年"感动中国"的候选人。他曾于我校就读商务英语专业,他以自己非凡的工作成绩,获得了科威特政府对中国人的首次嘉奖;在科威特政府嘉奖的国书面前,他平静地说:"我的荣誉属于母校。"看得出他对母校的用情之深,不是一般人所能比拟的。他总说,"有多大视野,世界就有多大;有多大世界,自由就有多大";"我所获得的荣誉,源自母校给予我的深厚底蕴,源自恩师们对我的精心栽培";"母校光荣,我就光彩,为母校增光是我的责任"。

2011 年,学校表彰的杰出校友周汉民,现任全国政协常委、民建中央副主席。他曾于 1995 年获全国"杰出青年法学家"提名奖,在国际经济法、中美贸易关系、关贸总协定等问题的法律研究方面卓有成效,多部专著获奖。当一位学生通过东方网问周汉民教授"在择业观念发生变化的今天学生该如何提升自己"时,周汉民寄语:一是学做人,二是学做事,三是学求知,四是学共处。正好对应了诚信、务实、博学、宽容四个方面。

学校自 2006 年以来每年评选杰出校友,每当他们回到学校,在表达对学校深厚感情的同时,都不忘给学弟学妹提出宝贵的意见建议,概括起来就是一句话:在学校里最重要的就是要形成良好的价值观,多看书、勤思考,不断丰富自身的底蕴和内涵,做一个有益于国家和社会的人。

"芳林新叶催陈叶,流水前波让后波。"每一代青年都有自己的际遇。同学们,你们这一代人自出生就生活在改革开放的年代,最大的幸运在于你们不仅见证了中国的高速发展,而且还将亲身参与未来更加激动人心、更加富有挑战的事业!你们这一代人,将亲手把中国的经济重新带回总量世界第一,亲手把中国的企业更多地推向全球,只要抓住机遇,就能乘势而上。非常希望你们从今天起,就能够在学好知识、提升能力的基础上,更加自觉地践行社会主义核心价值观和校训精神,将来积极主动投身于中国特色社会主义伟大实践,为实现中华民族伟大复兴"中国梦"贡献自己的力量!

第二章 古代经济思想的人文精神
——以管仲的经济思想为例

改革开放以后,西方科技、资源、思想对中国社会腾飞起过一定的帮助作用。但西方理论是否完全适应中华,我们要保持警惕。比如,经贸类大学都有一门西方经济学课,当我们孜孜不倦地钻研西方经济学生僻词句与烦琐理论的时候,是否想过我们中国历史上可曾有过优秀的经济学家? 今天我要讲的就是中国历史上最优秀的经济学家管仲。他的经济思想影响千年,完全可以媲美今天西方最流行的那套经济理论。本章将以管仲经济思想为例,探讨中国古代先贤如何利用优秀的本土经济思想操控庞大的国民经济,并引导国家走向富强。

无论何种专业,大学生都要懂得最基本的经济原理,因为国家与家庭一样,没有钱就会崩溃,贫富失衡就会"掐架"。很多人习惯于钻研细微的经济现象,往往很难把握经济学最核心、最精髓的基本纲领。比如,历史上,李自成起义的分水岭不是吴三桂引清军入关,而是他喊出一句口号:"吃他娘,穿他娘,开了大门迎闯王,闯王来了不纳粮。"这个口号使得他领导的起义得到广大民众的支持,力量迅速壮大,推动他进驻北京,当了皇帝。但这也注定了他未来必然覆灭的宿命。十万大军,坐吃山空,立吃地陷。李自成的军队能吃谁的? 李自成已经说了不纳粮,那就是不收税了,不吃穷人了,所以只能吃当地大户。当地的大户吃完,李自成只能迁移,去吃别地的大户。如此循环,导致李自成始终没有稳固的根据地,只能成为流寇。一旦受挫,军队往回走,就找不到大户可吃,没有资源依靠,势必一败涂地。这是很多人忽略了的李自成失败的最大原因。

同样是领导农民起义,中国共产党就取得了成功。这固然有先进思想的引导,但也不能忽略那些硬件。毛主席说过两句话,一句是"枪杆子里出政权",一句是"共产党是左手拿传单,右手拿枪弹才可以打倒敌人的"。这生动地阐明了共产党政权的两大硬件。毛主席有个弟弟叫毛泽民,当伟大领袖抓着"枪杆子""笔杆子"闹革命的时候,他始终跟在领袖身边,拎着"钱袋子"。毛泽民前后担任过湖南省立第一师范附小的后勤主任、上海中共中央出版发行部经理、闽粤赣军区经济部部长、中华苏维埃国家银行第一任行长、国民经济部部长、国家对外贸易总局局长等，为人民的解放事业作出了很大贡献。可见政权有三要素，缺一不可：枪杆子、笔杆子、钱袋子。

一、为什么选管仲

关于管仲，系列纪录片《中国古代名人圣贤》里有一集视频，其内容简介如下：管仲，名夷吾，字仲，又名管敬仲，是我国春秋时期伟大的政治家、军事家、思想家和经济学家。他以其卓越的谋略辅佐齐桓公成为春秋时期第一个霸主。他立志改革，富国强兵，成就了九合诸侯、一匡天下的丰功伟业。他的民为邦本、礼法并用、通商惠吾、开放务实的深邃思想，赢得了世人的讴歌和后人的礼赞。管仲的言论见《国语·齐语》，另有《管子》一书传世。

署名管仲的著作《管子》非一时、一人之作，但以管仲的学说和思想为基础，成为封建国家经济运作的核心奥秘，构成封建统治的"三鼎足"：依《商君书》进行政治控制，依孔门学说进行思想教化，依《管子》进行经济操纵。

管仲一生的轨迹非常具有戏剧性的逆转，即前期非常倒霉，后期功业显赫，现将主要经历罗列如下：

（1）少年养马。

（2）经商多次，都失败。

（3）当兵时，三次打仗逃跑。

（4）辅佐公子纠，主死，自己被囚。

（5）射齐桓公中衣带钩，犯篡逆大罪，可谓命悬一线。

（6）辅佐齐桓公称霸天下。《战国策》评价说："据齐国之政，一匡天下，九合诸侯，为五伯首，名高天下，光照邻国！"

对照战国地图可以看出，在管仲之前，齐国只有巴掌大的一块地盘，好像根本不可能做出多大成就。即使管仲之后，齐国最鼎盛的时候，齐国地盘也不是很大，跟今天山东省的面积差不多。而且管仲与齐桓公两人，几乎没有在战场上占过什么便宜。那么，齐国是如何崛起的呢？管仲的策略是什么？答案是：操控经济。

面临经济统筹，常人的做法是，守着多大碗，就吃多少饭。而管仲却提出："故圣人善用非其有，使非其人，动言摇辞，万民可得。"意思就是，通过一定手段进行调控，引导百姓的集体行为，就可以集聚天下人力与物资，为我所用。在今天，这句话可以概括为：集中社会力量办大事。

所以，这第一部分总结起来就是：为什么我选择管仲？因为：第一，经济是支柱，对家、对国都是支柱；第二，管仲的经济思想，一直运用于社会运作，但普通人常忽略。

二、民为邦本的经济学含义

《三国演义》第四十一回"刘玄德携民渡江"中，曹操大军追来，刘备带着百姓，拖儿带女，牵牛驮羊，队伍行走非常缓慢。将领们非常着急，建议刘备说："不如暂时丢下百姓，我们率军队快速逃走。"书上写道：

> 玄德泣曰："举大事者必以人为本。今人归我，奈何弃之？"

请问：这是道德还是利益？

历来三国评论界都鼓吹刘备的仁慈，说他心系百姓。但是换个角度看，这个说法可能错得离谱。我们知道，大军过后，必有凶年。什么意思呢？十万大兵啊，怎么解决吃饭问题？和平年代，士兵屯田，搞大生产运动，自力更生，丰衣足食；战争年代呢？在战壕里种麦子？百姓耕作纺织，士兵才不会挨饿受冻，所以十万百姓就是十万大兵的粮袋。如果今天匆忙之中丢掉了粮袋，即使逃到江陵，十万大兵也保不住。

而且追兵不是还没到吗，慌什么呢？所以，这段文字既展示了将领们作为战术家的视野局限，也展示了刘备作为战略家的远见和作为领袖的冷静。也许比较冷酷，但这就是封建时代"民为邦本"的经济学含义。

《管子》认为，人即资源。管仲提出"国富""民足"。管仲从未提出民富，而是民足，够吃为限度。在管仲眼里，老百姓只是封建统治者的资源和工具，因此他提出，治人如治积水，养人如养牲畜，用人如用草木。所谓"仓廪实而知礼节，衣食足而知荣辱"，也许只是为了更好地使用这一资源。

1. 徕民

人从哪里来？两种办法：一种是《吴越春秋》提及的鼓励生育，等待人口缓慢增长。另一种就是抢夺别国人口，通过武力攻城略地，大量掳掠来实现，但管仲几乎每战必败，这条路无法走通。管仲打的是"温情牌"，他提出，招徕别国的百姓，鼓励他们移民。他制定的鼓励措施如下：

（1）低税收。《管子》记载：使纳税人只出收入的百分之一，孤儿与幼童不准处刑，湖泊按时开放，关卡只查问而不征税，市场只登记而不收税，对近处示以忠信，对远处示以礼义。实行几年后，前来归附的民众，好像流水一样络绎不绝。《管子》又载：垦草成封、就泽而盐的人们，纷纷前来归附，像赶集一样络绎不绝。但是，过低的税收导致政府贫穷，将使社会基础设施建设崩溃，进而导致整个社会崩溃，因而这只是一时权宜之计，不可能长久。问题是，普通人对眼前利益非常着迷，看不了那么长远。

（2）高福利。《管子》记载：入国才四十天，就五次督行九种惠民的政教。第一种叫作老老，类似今天养老院；第二种叫作慈幼，类似今天幼儿园；第三种叫作恤孤，类似今天孤儿院；第四种叫作养疾；第五种叫作合独；第六种叫作问病；第七种叫作通穷；第八种叫作赈困；第九种叫作接绝。细看这些措施，正是导致今天欧洲陷入经济泥淖的根源：从"摇篮"到"坟墓"的高福利。但是羊毛出在羊身上，这一切都不过是经济操纵。

此外，管仲在齐国的各个边境城市，还设立粮仓，发给邻国前来借粮的百姓。如此优厚的福利待遇，自然诱惑力非常大，于是百姓纷纷进入齐国。

2. 牧民

当齐国人口膨胀起来之后，就需要对这些一盘散沙的乌合之众加以管理。如果白白养着这群庞大的民众，那么齐国肯定垮掉，所以需要采取措施，把他们集聚成强有力的、能为我所用的社会资源。

《管子》提出，要从道德、律法等多个层面全方位地引导民众：用道理开导人们，用恩惠笼络人们，用仁爱团结人们，用道义培养人们，用施德对待人们，用信用交结人们，用礼节接待人们，用音乐和悦人们，从工作上考核人们，从言论上考察人们，用强力推动人们，用戒律威服人们。

《管子》还提出一些有趣的奖惩措施。比如，先要树立标杆，划定规则：一定要先给教训，万民才趋向好的风化；经常给予利益，民众就会顺利完成己任。得人的方法，莫如给人利益；而给人利益的方法，莫如用实际政绩来证明。同时，《管子》也意识到，惩罚必不可少：人们习惯相互憎恶，人心凶悍，所以要颁布法律，让人们在法律的框架内行事，社会才能良性运作。

《管子》还敏锐地提出，除了制定规则，封建统治者还必须夺取舆论阵地，掌握舆论引导权，否则可能误事。他举例说：泛爱人类的议论占优势，士兵就不肯作战；全生保命的议论占优势，廉耻之风就不能建立。因而封建统治者需要特别关注舆论引导。

综上所说，要想实现"民为邦本"的经济学意义，封建国家的统治者就必须认真研究人性，才能顺势而为，才能事半功倍。《三国演义》第一回记载，黄巾张角要起义，他提出的理由是："至难得者，民心也。今民心已顺，若不乘势取天下，诚为可惜。"张角提出，吃透人性，了解民众人心思变的当下心态，就能聚集起大规模的人群，带着他们搅乱社会；如果过一阵，普通民众的心态变了，就不能聚集大规模人群了，更不可能发动起义了。唐太宗也提出，水可载舟，亦可覆舟。老百姓既能拥护封建帝王上台，也能推翻你，把你赶下台。无论是开国者，还是守成者，都要特别关心民众的呼声，谨慎研究舆论民情，才能因势利导，取得成功。

请思考：将来机器人普及后，人还是资源吗？

第一，自然人，是不是资源人？

第二，太多的自然人，怎么办？比如，随着老龄化社会的到来，养老金的困局怎么解？

第三，我们自己是资源人吗？

就业机会首先是经济现象。在经济周期膨胀阶段，厂矿企业大肆扩张，四处招人，工作机会易得；但经济萧条时期，企业倒闭，四处裁员，名牌大学毕业生都要在大街上勤奋地寻找极为罕见的招聘信息。因此，经济冷热和人力需求呈现出这样的关系：经济下行，人力需求弱；经济上行，人力需求旺。

如果没有足够的就业岗位，怎么办？

有一种办法就是考虑把富余人力引进农村，引进西部，促进农村发展，打破区域失衡，同时舒缓城市压力。请注意，这是对人即资源的创造性运用，所谓人少有人少的办法，人多有人多的办法。我们学习管仲，就是要学习这种积极实践且推拉自如的高度智慧。

三、怎样收割天下

有个成语叫"朝三暮四"。《庄子·齐物论》载：宋国有个养猴的老人，很喜欢猴子，宁愿自己节衣缩食也要供养猴子。不久，经济危机了，家里缺粮，老人想减少食物供给，又怕猴子恼怒。他就先骗猴子说："给你们橡树果实，早上三个，晚上四个，好吗？"群猴皆怒。他连忙赔上笑脸，改口说："那这样，早上四个，晚上三个，这总可以了吧？"群猴皆喜。

庄子的这一经济思维与今天的征税思想不谋而合。英国经济学家哥尔柏说："税收这种技术，就是拔最多的'鹅毛'，听最少的'鹅叫'。"这些思想，《管子》都有详细论述。

《管子》提出："人不可不务也，此天下之极也。"也就是，要非常注重研究人性，这是天下最重要的问题。据《史记·管晏列传》记载，管仲说"通货积财，富国强兵，与俗同好恶"，"俗之所欲，因而予之；俗之所否，因而去之"。即，管仲吃透人性，顺势而为，最终能够发展经济，壮大政权。

《管子》提出，管理民众需要因势利导，绝不要粗暴蛮干：政令所以顺利推行，在于顺应民心；政令所以遭到废弛，因为违背民心。民众怕忧劳，我便使他安乐；民众怕贫贱，我便使他富贵……由此可知，给予民众的最终目的，是为了更好地索取。他还说，这个原则，是治国的法宝。

具体到征收环节上，《管子》提出一对矛盾。

其一，强征破坏生产。《管子》说："如果我们对房屋收税，老百姓就会为逃税而毁掉房屋；如果我们征收人头税，老百姓就会逃避人口登记；如果我们对家畜收税，老百姓就会为逃税而杀掉家畜；如果我们对树木征税，老百姓就会砍掉树木。"《管子》进一步说："民众的心思是，政府给予他们，他们就高兴；政府收走一点，他们就愤怒，民情就是这样的。"

那么，这税还要不要收呢？史书记载说："桓公即位十九年，放宽了关、市的征税，只取五十分之一的税收。征收农业赋税，用收获的粮食数量计算，按土地肥瘠分别征收。两年收税一次，丰年收十分之三，中年收十分之二，下等年成收十分之一，荒年不收，待年景饥荒情况缓解后再收。"还有的地方概括："齐国是田租百取五，市赋百取二，关赋百取一。"但是我们知道，收这么低的税，国家是无法正常运作的。对此，管子当然也很清楚。

其二，低税产生危害。《管子》提出："轻赋税则国家仓库空虚，薄征收则兵器工具不足。兵器工具不足，则不能生产皮帛，也就不能出口赚钱；国家仓库空虚，则战士身份低贱、经常缺饷，也就不能保证充足的兵员。"也就是说，国家将丧失最基本的社会组织能力，更谈不上基础设施建设了。

那么，国家该怎么办？"鹅毛"必须拔，问题是怎样才能让"鹅"不叫唤？其奥秘是，管仲创造性地改人头税为商业税。《管子》提出："人头税，是强制征收的，过于明显，容易遭到民众抵触；商业税，是经过谋划征收的，化于无形，民众很难引起警觉。成就王霸之业的君主，总是避免强制性的人头税，实施精心谋划的商业税。这样，天下就乐于服从了。"

具体做法如下。

1. 商税一：专营暴利

管仲明确提出，重要资源必须由国家控制。其中之一就是食盐。《管子》说："假使国君下令说，我将要对大人小孩征收人头税，那一定会引发民众的抗议浪潮。现在专营盐价，即使君主收取百倍利税，人们也无所逃避。这才是收税的好方法。"所以管仲之后，盐业国有就成为中国历代传统了。《管子》还注意到，国企往往效率低下，于是创造性地提出国有、民营，类似今天的联产承包责任制。《管子》说："现在如果组织囚犯从事盐业劳动，囚犯就会逃亡；征集百姓去做，百姓就会怨愤，而一旦外敌入侵，百姓就因积怨而不战斗，那就得不偿失了……所以最好的办法不如承包给百姓，称量他们的产出，三七分成。百姓即使拿走三分也不要紧，国家可以在收购环节压低价格，在销售环节提高价格，所以利润主要还是国家的。但如果这样做，百姓就会勤奋工作，成为国家操纵下的经济工具。"

《管子》提出，"利出一孔者，其国无敌"，"先王知其然，故塞民之养，隘其利途。故予之在君，夺之在君，贫之在君，富之在君。故民之戴上如日月，亲君若父母"。也就是说，国家控制资源，可以造成民众的经济依附。在这点上，管仲与商鞅的看法是一致的。

2. 商税二：各种涨价

《管子》提出，通过涨价，吸取民间富余财富，可以增强国力。方法之一，就是通过临时重税抬高原材料的价格，之后价格会转移到政府部门囤积的商品上，这样政府就可以通过售卖商品获取高额利润。他举例说，如果国库存有大量布匹需要出售，而市场价格又不是很高，此时出售这些布匹国家显然会吃亏。这时，税务部门曲线救国，对织布原料，比如麻，征收临时性重税，使麻的价格短期暴涨十倍；这样一来，布匹价格很快水涨船高。国家就可以乘机卖出高价布匹，其效果类似收税。

所以，涨价就是收税。但需要把握好涨价的范畴、掌控涨价的节奏，不能盲目涨价。比如，你不能让粮食疯狂涨价。"民以食为天"，粮食是人民的生活必需品，是国家的战略物资。一旦缺粮，则社会大乱。这一点，去翻翻史书就会明白，饥荒有多可怕。

四、怎样缩小贫富差距

《管子》提出，解决贫富差距的基本法则是收入均衡：总是注意农、士、商、工，即使互换行业,年收入也不会互相超越。但总有些人,凭借特殊条件,比如特殊便利、特殊地位、杰出智商、信息便利等,成为少有的富人。对这些人,管仲通过高消费,解决他们的浮财。所谓夺余满,补不足,使政令得以贯彻,民用得以满足。

《管子》明确提出,首先要尊重市场规律。市场,是一种鼓舞;鼓舞,是为了发展。但仅仅依靠市场是不够的,还需要国家调控,以解决局部失衡:农业完善,工商业就会得到发展;但不进行侈靡消费,农业就不能稳固。这是因为工商业获得的机会多,更容易赚到快钱。这时就需要鼓励奢侈消费,让富人"减肥"。

鼓励奢侈消费的途径有二:

第一,生,奢侈。《管子》说,饮食、侈乐是民众的愿望,满足他们的欲求,顺着他们的愿望,就可以驱使他们。所以,要提倡富人吃最好的饮食,听最好的音乐,把蛋雕画了然后煮给他们吃,把木柴雕刻了然后卖给他们去焚烧。试想,如果富人都能这样奢侈,那么采购者、乐师、厨师、雕刻工匠、养殖者、樵夫、农民都会跟着有饭吃。

《管子》进一步分析说:富人奢侈消费,能够带动穷人实现充分就业;民众有工作做,百业兴旺,生活幸福,就能人人有饭吃。

第二,死,奢侈。《管子》说,如果富人家里有人去世,要鼓励富人挖掘巨大的墓室,使穷人有工作做;装饰堂皇的墓地,使雕画工匠有工作做;制造巨大的棺椁,使木工致富;多用随葬的衣被,使女工赚钱。这还不够,还有各种祭奠包袱、各种仪仗与各种殉葬物品,殡葬业就会壮大起来。用这些办法,使得富人有面子,穷人能生活,无论贫富都会感到高兴。

管仲通过操控,使齐国社会形成富人奢侈返贫、穷人勤劳致富的良性循环。管仲的操纵与投机的做法当然是有缺陷的,他的均贫富的做法还是局限在金融领域,并没有创造新的社会财富,因而难以实现共同富裕。

五、怎样发挥商战的威力

20世纪80年代,美国总统里根提出"星球大战"计划,诱导苏联狂热发展军事工业,同时又压低油价,最终苏联经济崩溃,国家解体。为了应对"星球大战"计划,苏联狂热地生产枪炮,但当时第二次世界大战刚过,人心厌战,枪炮卖不了钱;而苏联最大的出口创汇资源就是石油,油价又极低,国民经济很快入不敷出,于是社会崩溃,国家解体。苏联没有倒在第二次世界大战的血泊中,却倒在经济失衡的陷阱里。里根总统让世人见识到,这就是威力远远超过世界大战的经济战。

其实，类似做法，管仲早就多次实施了。只不过时间久远，我们大家了解得不够。传统若没有得到很好继承，就会出现文化断裂。因此继承传统是每一个人与生俱来的责任。现在我们看看两千多年前的《管子》里的经济战。

《管子》记载了多个著名的商战实例。

鲁、梁两国民众喜欢穿一种粗厚光滑的丝织品——绨。这是鲁、梁两国的特产。管仲授意齐桓公穿绨，并命令朝廷中人都要穿上绨。这个风尚立即吸引民众效仿，齐国民众纷纷跟着穿绨。齐桓公随后下令，齐国境内不准织绨，只能到鲁、梁两国购买。因为利润很高，鲁、梁两国就毁坏庄稼，栽种桑树，养蚕缫丝，全国人民全心全意去织绨。然后，齐桓公突然脱掉绨，并下令齐国境内不准穿绨，也不准买卖绨。鲁、梁两国的绨大量积压，毁掉桑树改种粮食又来不及，民众挨饿，于是纷纷逃亡到齐国。鲁、梁两国的国力一下子就衰落了。

类似的例子不止一个。莱、莒两国出产一种紫草，管仲故意提高紫草价格，并大肆收购。莱、莒两国民众一看可以赚这么多钱，"释其农耕"，全部种紫草。有一天，齐国突然不要紫草了。那么多紫草没人要，改种庄稼也来不及。于是，同样一幕出现：民众受饥饿威胁，纷纷逃亡到齐国，莱、莒两国经济很快便崩溃了。

有没有应对这一威胁的方法？有，那就是经济结构多样性的问题。只有构建多样性的产业结构，才能提高抵御风险的能力。乾隆皇帝在避暑山庄，曾拒绝英国使臣马戛尔尼的通商要求："天朝物产丰盈，无所不有，原不借外夷货物以通有无。"乾隆的说法当然傲慢，但四大文明古国中，只有中华文明能够延续至今，自给自足的自然经济模式功不可没。

六、消费心理与物资本位

先讲一个营销故事：男士求婚经常需要借助钻石帮忙，这些钻石大多来自戴比尔斯集团。该集团成立之初，就一次性收购南非钻石矿，然后控制产量，制造紧缺，刺激消费心理，保证卖出高价。20 世纪 70 年代，苏联发现了"珀匹盖陨石坑"，坑内钻石储量能满足全世界钻石市场 3 000 年的需求。也就是说，平均每人都能分好几颗钻石。于是钻石价格面临崩盘。面对这一严峻形势，戴比尔斯集团立即与苏联组成价格联盟，控制产量，双方一起卖高价。但是仅仅卖高价是不够的。试想，客户买了钻石，求婚成功，甚至结婚了，钻石就成为多余的了，他就会想着卖出去。那么，钻石市场也会供过于求，价格也会崩盘。戴比尔斯集团创造性地发明了一句口号：A

DIAMOND IS FOREVER(钻石恒久远,一颗永流传)。如此一来,钻石就成为爱情象征,不能卖,只能买,而且必须买。通过制造紧缺、刺激虚荣,让钻石永远不够卖,戴比尔斯集团成功地实现稳定赚钱。

戴比尔斯集团的做法也不是世界首创,管仲做得更好。《管子》记载,齐桓公问管仲:"周天子缺钱,号召天下诸侯给他贡献点钱,可没人理睬,有没有办法帮周天子筹集一笔钱?"管仲回答:"江淮之间有一种茅草非常独特,三脊贯通,名叫菁茅。您跟周天子讲,叫他派人把长这茅草的地盘先圈封好。然后周天子提出要到泰山、梁父去封禅。让他号令天下诸侯:'想跟从天子到泰山、梁父去封禅的,必须抱菁茅一束,没有菁茅就别来了。'"诸侯跟随天子封禅在政治上很风光,于是诸侯纷纷去买圈禁的菁茅。周天子将其价格涨到一束百金,于是大赚一笔。

戴比尔斯集团卖的是钻石,管仲卖的可是草啊,这草竟然炒到钻石价。这2600多年前的经济思维,实在令人震撼。他们的做法都是抓住消费者心理,刺激虚荣、制造紧缺,然后卖高价。

那么,炒高物价有没有天花板呢? 物价到底应该多高才好呢? 物资与货币之间又是什么关系呢?《管子》认为,货币是表示物价的,物价是依据人们对该物的重视程度而定的。

请注意,《管子》已经涉及一个非常深刻的命题:我们的财富是被定义的。比如,你很富有,怎么证明? 在商代,你拿出一堆贝壳;在汉武帝时代,你拿出几张白鹿皮;在朱元璋时代,你拿出几张大明宝钞。今天,钱也是被定义的,定义的目的是方便衡量物资。习近平总书记提醒我们,金融工作要"回归本源",就是提醒我们不要去翻炒热钱,因为那些未必是真正的社会财富。

《管子》认为,把物资囤积起来则价格上涨,发售出去则价格下降,放散于民间则显得充足。钱币贵重则人们拼命赚钱,钱币贬值则人们弃而不用。所以,总是要把钱、物的贵贱幅度调整到合理程度才行。这就是说,物价与币值是"跷跷板"的关系,但归根到底要立足于物资。

如何才能保证物价与币值的动态平衡呢。《管子》提出,各种物资的多和少随着季节有所不同,注意调节就能维持正常不变,若失掉平衡就会价格飞涨。国君总是用这套平准措施来进行掌握:拥有万户人口的超大城市,一定要藏有万钟粮食和一千万贯的钱币;拥有千户人口的中等城市,一定要藏有千钟粮食和一百万贯的钱币。春天用来供应春耕,夏天用来供应夏锄,就不会出现青黄不接的社会现象。一切农具、种子和粮食,都由国家供给。这样,富商大贾就无法对百姓巧取豪夺,市场就不会出现抢房子、抢茅台那样的抢购风。

1949 年,社会主义新政权接手了蒋介石政权的烂摊子,当时物价沸腾,民不聊生。新政权应该怎么办? 一是货币改革,发行新纸币,也就是重新定义;二是抛售物资,回笼货币,达到稳定物价的目的。物价稳定了,就是币值稳定了,就是社会人心稳定了,也就是新政权的信用被确立了。

今天,各国经济与世界相连,国家金融操控还存在着麻省理工克鲁格曼所说的"不可能三角",即资本自由流动、货币完全独立、汇率稳定这三项目标中,一国政府最多只能同时实现两项。

七、启示与出路

管仲提出的经济思想,包括民为邦本、控制资源、以税代征、平衡贫富、引导投机、紧缺消费。这些最基本的经济思想直到今天都在普遍运用。管仲的某些经济思想,可能更符合我们的国情。当住房价格被炒成巨大泡沫,当贫富差距变得如此巨大,我们应该放下手中的西方经济学教科书,去看看《管子》。传统文化中有如此优秀的经济思想,一点儿都不比西方经济学差,值得我们骄傲。

对于西方模式,中国经济学界已经有所警觉。2016 年 10 月 6 日,《经济学人》刊文《西方误导中国发展的五个重大陷阱》,提出:"西方国家长期不遗余力地炒作中国经济增长模式、产业结构、人民币汇率等问题,诱导中国偏重服务业和消费、减少投资,诱使中国放弃行之有效的发展道路,破坏中国的发展,以维持自身在国际体系中的主导地位。"我们既不能抱残守缺,也不应全盘西化,而应该汲取传统智慧,开创我们的伟大时代。

最后,我想用习近平总书记的一句话作为结尾,与大家共勉:"一个不记得来路的民族,是没有出路的民族。"

第三章　道家、佛家文化的人文精神

儒、道、佛三家，又称三教，这里的"教"，是教化的意思，不是说三家都是宗教。儒家，也称儒学，有人认为是宗教，有人认为不是宗教，有人认为虽然不是宗教但带有宗教性。道家，既指以老子、庄子为主要代表的道家学派，也指汉代以后产生、发展起来的道教。道家学派与道教，既有联系也有差异，本文将它们视为一个整体。佛家，既指佛教，也指佛学。按牟钟鉴先生的说法，"中国佛教是有神灵崇拜的宗教，中国佛学则是净化心灵的人学"[①]，"佛教主要在普通僧人和基层民众中流行，信众视释迦牟尼为宇宙最高神灵"[②]，"佛学主要在知识精英群体中流行，包括教内一些高僧、居士和教外学者，他们视释迦牟尼为大觉悟者，是有般若大智慧的导师而不是超人的神灵"[③]。

儒、道、佛三家构成中华传统思想文化的主体。上一讲介绍了儒家文化的人文精神，本讲接着介绍道家佛家文化的人文精神。在此之前，我们先简单了解一下儒、道、佛三家之间的关系是怎样的。

一、儒、道、佛三家的关系

1. 和而不同

2015 年，有网友在山西省偏关县阳坡店村的观音庙拍摄了一组有趣的照片。从照片中可以看到，庙里供奉的主要神灵是观音菩萨。然而，有意思的是，该庙同时还供奉着孔子、关帝、寿星、司命府君、地府鬼怪等。观音菩萨是佛教的（也有人说她就是道教的慈航真人），孔子、关帝（即关羽）是历史人物，而寿星、司命府君（即灶王爷、司过之神）、地府鬼怪是道教的。儒、道、佛三家的重要代表，就这样和平共处于同一个屋檐下。

① 牟钟鉴.儒道佛三教关系简明通史[M].北京：人民出版社,2018：26.
② 牟钟鉴.儒道佛三教关系简明通史[M].北京：人民出版社,2018：26.
③ 牟钟鉴.儒道佛三教关系简明通史[M].北京：人民出版社,2018：27.

　　这种情形并非特例,但更常见的是佛、道同堂现象,如湖南益阳的九宫十八庙、长沙的火宫殿、福建三明的瑞云洞等。在很多国人心目中,道教与佛教都是宗教(其差别似乎主要在于,道教是土生土长的,而佛教是外来的),仙与佛差不多,都比人厉害。只要给他们某些好处,如烧香,他们都能保佑人。是否诚心信仰,倒不是十分严重的问题。

　　在西方人看来,这是难以理解的事情。他们可能会问:佛教的追求是成佛,道教的追求是成仙,既拜佛又求仙,到底是信佛教还是道教? 是想成佛还是成仙?

　　实际上,中国人求神拜佛,大都既没想成佛也没想成仙,只是想生活得更好一些。他们觉得仙和佛可以相安无事,和尚与道士也可以成为朋友。

　　一些文学作品中的相关故事,反映了人们心中佛教与道教的关系:

　　《红楼梦》中有两个线索性的人物:癞头和尚和跛足道人。他们有时单独出现,有时结伴而行,就像一对好友。

　　《水浒传》写了一百零八条好汉。其中,公孙胜是道士,鲁智深是和尚,武松是行者①。他们一起替天行道,并肩作战。

　　《西游记》是宗教题材的作品,描写了一个庞大而复杂的仙佛世界。其中,佛教系统有佛老、菩萨、金刚、罗汉、揭谛等;道教系统除玉帝外,还有三清、四御、五老、六司、七元、八极、九曜、十都等。仙与佛并非井水不犯河水,佛老是"五老"之一,王母开蟠桃会邀请了佛老。孙悟空大闹天宫,玉帝最终请佛老来降服猴王。

　　即使在同一个人的精神世界中,儒、释、道三教的思想往往也交织在一起。

　　苏轼是北宋文化名人,在很多领域有杰出成就,自古至今拥有大量"粉丝"。他早年科举及第,曾在杭州、黄州、惠州、儋州等地任职,经历坎坷而颇有政绩,走的是比较典型的儒家道路。同时,他对道教、佛教也很有兴趣。苏轼号东坡居士,又号铁冠道人、海上道人。他自小受道教的启蒙教育,一生对道教情有独钟,常穿道袍,游访道士。苏轼与佛教中人也有交往,佛印禅师是他的好友,他俩的逸闻趣事广为流传。

　　南宋学者朱熹、陆九渊都是儒家的重要人物。他们生活在同一时代,一个倡导理学,一个倡导心学。但他们均"出入佛老",受到道教、佛教的影响,后人说"朱子道,陆子禅",就是指朱熹的儒学接近于道教,而陆九渊的儒学接近于禅宗。而《佛祖历代通载》卷三十载:"朱文公少年不乐读时文。因听一尊宿说禅直指本心,遂悟昭

---

① 俗称行脚乞食的僧人为"头陀",亦称"行者"。

昭灵灵一着,十八岁请举,时从刘屏山,屏山意其必留心举业,暨搜其箧,只《大慧语录》一帙尔。次年登科。"①大慧指宗杲,号妙喜,是佛教禅宗重要支脉临济宗大慧派的一代宗师。这个故事表明,朱熹对于佛教也有浓厚的兴趣。

明朝初年的姚广孝,年轻时在苏州妙智庵出家为僧,法名道衍。他也曾拜道士席应真为师,学习阴阳术数。后来,姚广孝成为朱棣的主要谋士,是"靖难之役"②的主要策划者。朱棣夺取皇位后,姚广孝被封为僧录司左善世、资善大夫、太子少师,被称为"黑衣宰相"。

2. 走向融合

儒、释、道三家的思想体系不同,在漫长的发展过程中交流互动,取长补短,逐渐趋于融合,也就是所谓"三教合一"。

明代儒学代表人物王阳明说:"即吾尽性至命中完养此身,谓之仙;即吾尽性至命中不染世累,谓之佛;而后世儒者不见圣学之全,故与二氏成二见耳。譬之厅堂三间,共为一厅,儒者不知皆吾所用,见佛氏则割左边一间与之,见老氏则割右边一间与之,而己则自处中间,皆举一而废百也。"③"尽性至命"是儒家的观念,在尽性至命过程中"完养此身"的方面就是道家思想,在尽性至命过程中"不染世累"的方面就是佛家思想。也就是说,道家思想和佛家思想均是儒学的一部分。用"厅堂三间"来打比方,有儒者以为,左边一间属佛家,右边一间属道家,居中的一间属自己。王阳明认为这是错误的。在他看来,佛家、道家的房子也是儒家的产业。

道教全真派创始人王重阳在三教关系上也持开放宽容的态度,其修行思想以道教为主,同时容纳儒、释两教。他写过一首七律《孙公问三教》:"儒门释户道相通,三教从来一祖风。悟彻便令知出入,晓明应许觉宽洪。精神炁候谁能比,日月星辰自可同。达理识文清净得,晴空上面观虚空。"④诗的前两句说,三教同出于"一祖";以房为喻,儒教是门,佛教是窗,而一体贯通的则是道教。

嵩山少林寺钟鼓楼前,有一块"混元三教九流图赞碑"。碑上有一幅奇特的图:从整体上看是一位和尚,代表佛教;如果只看左侧,是头戴方巾的儒者,代表儒教;如果只看右侧,是头后挽个发髻的道士,代表道教。碑上还有"佛教见性、道教保命、儒教明伦""三教一体、九流一源"等赞语。

---

① 释念常.佛祖历代通载[M].台北:台湾商务出版社,1982:671.
② 因太子早逝,明太祖朱元璋传位于皇太孙朱允炆,是为建文帝。建文帝为巩固地位,采取了削藩措施。朱元璋第四子燕王朱棣起兵反抗,最终夺取了皇位,这就是"靖难之役"。
③ 王文成全书·年谱三[M].上海:上海古籍出版社,1993.
④ 王重阳.重阳全真集:卷一[M]//道藏:第25册.北京:文物出版社,1988.

在历史上，儒、释、道三教之间也发生过矛盾、斗争。比较突出的例子是佛教史上的三次"法难"。第一次发生在公元 446 年，北魏太武帝拓跋焘下令灭佛，时间长达六年之久。第二次发生在 574 年，北周武帝宇文邕下诏灭佛，时间长达五年之久。第三次发生在 845 年，唐武宗李炎下诏灭佛，一年后宣宗即位，恢复佛教。这三个皇帝的谥号或庙号中都有个"武"字，故称"三武法难"[①]。这些皇帝灭佛的原因是什么呢？唐武宗在废佛敕里说："洎于九州山原，两京城阙，僧徒日广，佛寺日崇。劳人力于土木之功，夺人利于金宝之饰；遗君亲于师资之际，违配偶于戒律之间……今天下僧尼不可胜数，皆待农而食，待蚕而衣。寺宇招提，莫知纪极，皆云架藻饰，僭拟宫居。晋、宋、齐、梁，物力凋瘵，风俗浇诈，莫不由是而致也。"[②]可见，灭佛的主要原因是当时佛教的过度发展，占用了大量人力、财力、物力，危及社会秩序，对于封建统治不利。由于三教之间存在竞争关系，儒教、道教在"灭佛"过程中也起过一些作用，但不是主要因素。儒、释、道三教的关系在总体上是比较和谐的。

与此形成对照的是，在西方文化中，宗教的影响极大，且排他性很强。苏格拉底被处死，最主要的罪名就是：藐视传统宗教、引进新神。基督教也排斥别的宗教。《旧约·出埃及记》载"摩西十诫"第一条："我是耶和华——你的神，曾将你从埃及地为奴之家领出来，除了我之外，你不可有别的神。"在西方国家的历史上，还发生过多起由宗教原因引发的战争。著名的十字军东征，从 1096 年开始，到 1291 年结束，时间跨度接近两个世纪，成千上万的人在战争中死亡。十字军东征是在罗马天主教教皇准许下进行的有名的宗教性军事行动，是由西欧的封建领主和骑士对地中海东岸国家发动的所谓"正义"战争。当时，原属罗马天主教圣地的耶路撒冷落入伊斯兰教手中，罗马天主教为了"收复失地"，先后进行了八次东征。实际上，东征不限于针对伊斯兰，如第四次十字军东征就是针对信奉东正教的拜占庭帝国。

总起来说，儒、释、道三家均有独特的思想体系，它们之间的关系是相当和谐的。与西方文化相比，这一特点尤其明显。儒、释、道三家相尊相蕴，交流互动，其发展演进构成了中华文明的主流。

二、道家文化的人文精神

道家内部，可以细分为具有不同思想倾向的小的派别。主要有四派：

---

① 除了"三武法难"，另有后周世宗柴荣于显德二年（955 年）实行废佛，佛教也受到严重打击。
② 旧唐书：卷十八[M].长沙：岳麓书社，1997.

其一是黄老派。道家的创始人是老子,而道家的思想渊源可以追溯到黄帝。黄老派的特点是把黄帝的明德之教与老子的无为之治结合起来。西汉初,陈平、曹参、汉文帝、窦太后、汉景帝等都推崇黄老之言,尚清静无为,与民休息,对于汉初恢复经济、稳定社会起到了良好作用,形成了"文景之治"的盛世局面。

其二是批判派。《老子》富于批判精神,其第三十八章云:"失道而后德,失德而后仁,失仁而后义,失义而后礼。夫礼者,忠信之薄,而乱之首。"对儒家的核心观念"仁""义""礼"进行了否定。《老子》第三章提出:"不尚贤,使民不争。"这是对墨家"尚贤"思想的批判。《老子》第五十七章云:"法令滋彰,盗贼多有。"这是认为,法家的那一套也不管用。庄子"剽剥儒、墨"①,强调"圣人不死,大盗不止"②,也充满了批判现实的精神。魏晋时期的嵇康主张"非汤武而薄周孔""越名教而任自然",打破了对圣贤的崇拜,揭露了纲常名教的弊端,伸张了个性自由。

其三是隐逸派。《老子》第四十一章云:"道隐无名。"提出了隐逸的思想。传说老子著《道德经》以后,西出函谷关,不知其所往。很可能是隐居起来了。《史记·老子韩非列传》载:"楚威王闻庄周贤,使使厚币迎之,许以为相。庄周笑谓楚使者曰:'千金,重利;卿相,尊位也。子独不见郊祭之牺牛乎?养食之数岁,衣以文绣,以入大庙。当是之时,虽欲为孤豚,岂可得乎?子亟去,无污我。我宁游戏污渎之中自快,无为有国者所羁,终身不仕,以快吾志焉。'"不受高官厚禄的诱惑,终身不仕,庄子是隐士的典范。庄子的哲学,可以说是隐士的哲学。后世张良功成身退,从赤松子游;竹林七贤之刘伶、阮籍、"采菊东篱下"的陶渊明等,都是隐逸之士。

其四是神仙派。《老子》第五十九章云:"治人事天莫若啬。夫唯啬是谓早服。早服谓之重积德,重积德则无不克,无不克则莫知其极,莫知其极可以有国,有国之母可以长久。是谓深根固柢,长生久视之道。"这里提出了一套"长生久视"的理论。《庄子》则描写了藐姑射山之神人,"肌肤若冰雪,绰约如处子,不食五谷,吸风饮露,乘云气,御飞龙,而游乎四海之外"③,"物莫之伤,大浸稽天而不溺,大旱金石流、土山焦而不热"④。秦始皇、汉武帝都追求长生不死。汉末,老庄之学与民间的神仙信仰结合起来,产生了早期的道教派别,如五斗米道、太平道等。魏晋以后,五斗米道演变为天师道,道教形成符箓派和丹鼎派两大系统。金元之际,北方出现全真教,影响

---

①　司马迁.史记[M].北京:线装书局,2006:284.
②　陈鼓应.庄子今注今译[M].北京:中华书局,2009:280.
③　陈鼓应.庄子今注今译[M].北京:中华书局,2009:25.
④　陈鼓应.庄子今注今译[M].北京:中华书局,2009:26.

很大,南方则整合为正一道。简言之,道教是在道家神仙派的基础上发展演变而来的。

道家文化的人文精神十分丰富,本文主要从其宇宙观、人生哲学、政治哲学、认识论等几方面进行阐述。

1. 宇宙观

《老子》的第一个范畴(也是最高范畴)为"道"。"道"的本义是道路。人都依道路行走,"道"就引申出法则、规律的意思。道路可以通向天下各处,"道"又引申为天下万物的统一性。在《老子》中,"道"的基本含义是表示万物的本原。

《老子》第四十二章说:"道生一,一生二,二生三,三生万物。"对这几句话,有许多不同的解释。比如有人认为,"一"代表"有","二"代表阴阳,"三"代表天地人。这里不展开讨论。但这几句话探讨了万物的来源,认为其终极本原是"道",这一意思是比较明白的。《老子》第四十章说:"天下万物生于有,有生于无。"与第四十二章对照,如果"一"相当于"有",那么"道"相当于"无"。"道生一",就是"有生于无",也就是无中生有。这里的"无"不是绝对的虚无,而是万物产生前的宇宙本来状态,因其没有任何特征,故称为"无"。这种道一元论驱除了上帝,是中国第一个无神论哲学体系。西方直到近代才出现对抗神本思想的人文主义和人本主义,到尼采才宣布"上帝之死"。

《老子》第一章说:"道可道,非常道。"意即永恒的道是不可言说的。但是,《老子》既然以"道"为最高范畴,就不能不有所论述。《老子》第二十五章说:"有物混成,先天地生。寂兮寥兮,独立而不改,周行而不殆,可以为天下母。吾不知其名,字之曰道。强为之名曰大,大曰逝,逝曰远,远曰反。"道在天地产生之前已经存在。它无声无形,不依赖于任何东西,却能不断运行,产生天下万物。它是不可名状的,只能勉强称之为"道"。其特点大致为:大(伟大,能生万物)、逝(运行不息)、远(发展变异)、反(复归于道)。

《老子》第二十一章说:"道之为物,唯恍唯惚。惚兮恍兮,其中有象。恍兮惚兮,其中有物。窈兮冥兮,其中有精。其精甚真,其中有信。"道是恍恍惚惚的,恍惚中似乎有某种形象、某种事物。道是幽暗深远、难以捉摸的,它有某种特点。这种特点真实无妄、充满诚信。

《老子》第十四章说:"视之不见名曰夷,听之不闻名曰希,搏之不得名曰微……是谓无状之状,无物之象,是为忽恍。迎之不见其首,随之不见其后。"道无形、无声、无体,看不见,摸不着,恍恍惚惚。它自本自根,无始无终,是极其抽象的东西。

"道"除了表示宇宙本原,也可表示对于宇宙根本规律的认识,相当于"要言妙道"的"道"。《老子》第四十一章说:"上士闻道,勤而行之;中士闻道,若存若亡;下士闻道,大笑之,不笑不足以为道。"智慧高的人听到"道",就勤勉地照它行事;智慧一般的人听到"道",就将信将疑;智慧低下的人听到"道",就大加嘲笑,不被他们嘲笑的,也就不成其为"道"了。

老子对天的认识也从神本思想中解放了出来。他消解了人格化的天,使"天"回归自然的本义。《老子》第五章说:"天地不仁,以万物为刍狗。"第七十九章说:"天道无亲。"天是客观的、自然的,对万物都是平等的,不会与谁格外亲近,给予特别的爱。

天道自然无为,故人应尊重客观规律,顺应自然。《老子》第八十一章说:"天之道,利而不害;圣人之道,为而不争。"老子在对天道的思考中获得启发,用来指导人生的行为。这与"罕言天道"的孔子,形成了鲜明的对照。

《庄子》进一步发展了尊重自然的思想。在《庄子》看来,自然状态就是最佳状态。《骈拇》篇说:"凫胫虽短,续之则忧;鹤胫虽长,断之则悲。"野鸭的腿很短,仙鹤的腿很长,表面上似乎不公平,但如果人为地给它们断长续短,它们就会痛苦不堪。故《庄子》强调:"无以人灭天。"《应帝王》是内七篇的最后一篇,其末尾讲了一个有名的故事:"南海之帝为儵,北海之帝为忽,中央之帝为浑沌。儵与忽时相与遇于浑沌之地,浑沌待之甚善。儵与忽谋报浑沌之德,曰:'人皆有七窍,以视听食息。此独无有,尝试凿之。'日凿一窍,七日而浑沌死。"儵、忽代表快速高效,浑沌代表模糊不清、糊涂。儵与忽为报答浑沌的恩德,帮他凿出七窍,结果却害了浑沌。儵与忽好心办了坏事,原因在于他们违背了浑沌的自然本性。在庄子看来,儒家的礼教、规矩,也是对人类本性的戕害。

2. 人生哲学

道家文化的人文精神,更集中地表现在其人生哲学中。

(1) 提高人的地位。《老子》第二十五章说:"故道大,天大,地大,人亦大。域中有四大,而人居其一焉。"人超越万物,与道、天、地同样伟大。《庄子·天下》说,"独与天地精神往来",也将人的精神生命提高到天地境界。老庄都赋予人以崇高的地位。

(2) 强调生命本身的价值。道家的一个鲜明的特点(同时也是优点)是重视生命本身的价值。《老子》第四十四章说:"名与身孰亲? 身与货孰多?"强调与名利相比,身体健康更重要。

杨朱也是道家的一个重要代表。其标志性的观念是"拔一毛而利天下,不为也"。这是一种利己主义的态度,把道家"重人贵生"的思想推向了极端,但其对生命价值的重视还是有积极意义的。

《庄子》认为,为功业劳心费力,损害身体,好比以"随侯之珠弹千仞之雀"(《庄子·让王》)。以珍贵的宝珠作弹丸,去弹高处的麻雀,麻雀未必能得到,宝珠却弄丢了,显然是得不偿失的。庄子认为,身体健康比功名利禄更有价值。所以,他主张"虽贫贱不以利累形"(《庄子·让王》),即使无钱无权,也不要为逐利而累坏身体。但是,养生亦非一味享受,整天吃喝玩乐也会损害健康,因此,庄子又说"虽富贵不以养伤身"(《庄子·让王》)。在养生方面,最好的方式也是顺其自然。庄子还提到,养生必须符合个体的特点。《庄子·至乐》讲过一个有名的故事:"昔者海鸟止于鲁郊,鲁侯御而觞之于庙,奏《九韶》以为乐,具太牢以为膳。鸟乃眩视忧悲,不敢食一脔,不敢饮一杯,三日而死。"鲁侯对这只海鸟极其喜爱,以致用最好的音乐和美味去供养它。可是这种一厢情愿的做法并不符合海鸟的特点,结果三天之后海鸟就死去了。

庄子重视养生,但在死亡面前表现得很洒脱。《庄子·至乐》载:"庄子妻死,惠子吊之。庄子则方箕踞鼓盆而歌。惠子曰:'与人居,长子、老、身死,不哭亦足矣,又鼓盆而歌,不亦甚乎?'庄子曰:'不然。是其始死也,我独何能无慨然?察其始而本无生;非徒无生也,而本无形;非徒无形也,而本无气。杂乎芒芴之间,变而有气,气变而有形,形变而有生,今又变而之死。是相与为春秋冬夏四时行也。人且偃然寝于巨室,而我噭噭然随而哭之,自以为不通乎命,故止也。'"从生到死,如同四季运行,是一个自然的过程,没必要哭泣、悲伤。不仅如此,庄子还借子祀、子舆、子犁、子来四人之口说:"孰能以无为首,以生为脊,以死为尻,孰知生死存亡之一体者,吾与之友矣!"(《庄子·大宗师》)只有把生与死看作一个整体的人,他们才愿意与他做朋友。庄子对于自己的死亡也是极为达观的。《庄子·列御寇》载:"庄子将死,弟子欲厚葬之。庄子曰:'吾以天地为棺椁,以日月为连璧,星辰为珠玑,万物为赍送。吾葬具岂不备邪? 何以加此!'弟子曰:'吾恐乌鸢之食夫子也。'庄子曰:'在上为乌鸢食,在下为蝼蚁食,夺彼与此,何其偏也!'"对死亡不必恐惧,死后不必悲伤、不必厚葬,这就是庄子的自然之道。

道教则不仅注重养生,而且更进一步要追求得道成仙。道教理论认为,通过服药(外丹)、修炼(内丹),不仅可以延年益寿,而且可以做到长生不死。虽然最终无人做到长生不死,但其某些修炼方式有助于身体健康,还是有一定意义的。此外,道教的相关研究对于中国古代的化学知识作出了重要贡献,这是意料之外的收获。

（3）尊重人的自然本性。按陈鼓应先生的看法，先秦道家所说的"自然"有三层含义：一为物理的自然，二为人文的自然，三为境界的自然。老庄言自然，多属人文自然，即意指人的自性的发挥。① 在人物自性的议题上，老子仅着意于"自化"，而庄子则"自化"之外，畅言自为、自适、自得、自乐……其张扬人的本性，伸张人的自主性、自由性，代表庄子那时代人类主体意识觉醒的呼声。②

在人的自然本性中，庄子对自由进行了非常深入的探讨。《庄子·养生主》载："泽雉十步一啄，百步一饮，不蕲畜乎樊中。"鸟儿宁肯在外自己寻觅饮食，即使很辛苦，也不愿被关在樊笼中享受美味，原因是在樊笼中没有自由。但是，不被关在樊笼中就是绝对自由的吗？也未必。《庄子·逍遥游》说："北冥有鱼，其名为鲲。鲲之大，不知其几千里也。化而为鸟，其名为鹏。鹏之背，不知其几千里也。怒而飞，其翼若垂天之云……鹏之徙于南冥也，水击三千里，抟扶摇而上者九万里。"大鹏的活动范围很广，但要借助大风才能完成迁徙。其行动受到风的限制，因而也不是自由的。下文还讲到，蜩与学鸠的活动范围很小，它们的眼光也就很有限，无法理解大鹏的高飞远举。庄子认为，无论是大鹏，还是蜩与学鸠，都受到某种束缚（庄子称为"有所待"），都不是绝对自由的。即使是传说中的列子，能御风而行，半个月才返回，也还要依赖于风，仍是"有所待者"。在人类社会，有些人受知识、德行的束缚，有些人受外在毁誉的束缚，有些人受功名利禄的束缚，都是不自由的。而庄子追求的是"无所待"的逍遥游，不依赖于任何外物，不受任何限制，这实际上是一种精神的绝对自由。怎样才能得到这种精神的绝对自由？庄子认为，要过一种顺其自然的生活，与社会上的冲突、是非、功名、利禄、权位等保持距离。"至人无己，神人无功，圣人无名。"（《庄子·逍遥游》）普通人总是求功、求名，但是功、名不会凭空而来，必须付出代价。为功、名着迷，就成为功、名的奴隶，会受到功、名的约束。利禄、权位之类也是如此。只有做到"无己"，才能彻底摆脱这些身外之物的束缚。"无己"则"无待"，人的精神才是绝对自由的。

庄子不仅在理论上重视自由，而且在实践中追求自由。《史记》卷六十三载：楚威王派人携重金去聘庄子为相，庄子却说："千金，重利；卿相，尊位也。子独不见郊祭之牺牛乎？养食之数岁，衣以文绣，以入太庙。当是之时，虽欲为孤豚，岂可得乎？子亟去，无污我。我宁游戏污渎之中自快，无为有国者所羁，终身不仕，以快吾志焉。"（《秋水》中的记述与此大同小异）牺牛好比高官，虽然锦衣玉食，地位显赫，却身

① 陈鼓应.道家的人文精神[M].北京：中华书局，2012：179.
② 陈鼓应.道家的人文精神[M].北京：中华书局，2012：180.

不由己,甚至难免丧命;孤豚尽管贫贱,但可在臭水沟中快活游戏。庄子宁愿终身不仕,也不愿受"有国者"(即诸侯)的拘束,因为他把自由看得比地位和金钱重要得多。

　　3. 政治哲学

　　老子著书的一个重要内容是治道。庄子想做隐士,但"眼极冷,心肠极热"(清代学者胡文英语),仍提出"内圣外王之道"。在道家的政治哲学中,也蕴含着丰富的人文精神。

　　《老子》对其他各家的政治思想进行了批评,提出了一套独特的政治理论。

　　儒家强调仁、义、礼、智,《老子》认为它们都是大道废弛之后的产物,是不中用的。《老子》第十八章云:"大道废,有仁义;慧智出,有大伪;六亲不和,有孝慈;国家昏乱,有忠臣。"《老子》第三十八章云:"失道而后德,失德而后仁,失仁而后义,失义而后礼。夫礼者,忠信之薄而乱之首。"道、德、仁、义、礼等而下之,礼代表的只是忠信淡薄、暴乱肇始。因此,在《老子》看来,不仅不能依赖仁、义、礼、智,反而只有抛弃它们,世界才有希望。即《老子》第十九章云:"绝圣弃智,民利百倍。绝仁弃义,民复孝慈。绝巧弃利,盗贼无有。"

　　法家主张以法治国,《老子》认为更不靠谱,因为法的背后是暴力,是比礼还要等而下之的东西。《老子》第五十七章云:"法令滋彰,盗贼多有。"有了法令,反而招致人们钻法令的漏洞,犯罪现象也越来越多。历史告诉我们,当一个王朝刚产生时,法令比较简明,社会也比较安定。后来,法令越来越多,社会也越来越乱。

　　墨家主张"尚贤",用今天的话说,就是注重选拔德才兼备的干部,但是《老子》认为也不行。《老子》第三章云:"不尚贤,使民不争。"尚贤会导致竞争,借重智术、技巧,引起社会混乱,离大道愈来愈远。

　　《老子》反对儒家的仁义政治,这并不意味着道家对民众很冷漠。实际上,道家强调的是要超越儒家,达到更高层次的仁爱,这是没有偏私的爱,是自然而然、让人难以察觉的爱。所以,《老子》第八章提出"与善仁",意即与人交往应仁慈、爱护。《老子》第三十八章云:"上仁为之而无以为。"最高的仁义行为包含了爱心,但很低调,以致人们习以为常,不易觉察这是爱的行为。庄子继承和发展了这种思想。其《齐物论》载:"大道不称,大辩不言,大仁不仁。"《大宗师》云:"泽及万世而不为仁。"《天运》云:"至仁无亲。"《天地》云:"端正而不知以为义,相爱而不知以为仁。"因此,道家真正排斥的是,统治者假借仁义胡作非为。《庄子·胠箧》篇有明确的论述:"为之斗斛以量之,则并与斗斛而窃之;为之权衡以称之,则并与权衡而窃之;为之符玺而信之,则并与符玺而窃之;为之仁义以矫之,则并与仁义而窃之。……彼窃钩者诛,窃国者为诸侯,诸侯之门而仁义存焉。"在庄子看来,满口仁义道德的诸侯实际上是窃国大盗。

在道家的政治哲学中,已经包含一些民本与人道的思想。《老子》第四十九章云:"圣人常无心,以百姓心为心。"要求统治者站在百姓的立场上去思考和处理问题。《老子》第三十七章将治者"无为"与人民"自化"并提,第五十七章呼吁统治者"我无为而民自化",主张限制君权而给人民留有活动空间,可以说是古代"民主"思想的萌芽。

《老子》的理想政治是"无为而治"。"无为"并非啥事也不干。它在《老子》哲学中十分重要(而一般人都强调有为),具有多重内涵。首先,"无为"主张顺其自然,尊重客观规律,不乱作为。《老子》第三十七章云:"道常无为而无不为。"不干拔苗助长一类的蠢事,万物将顺利发展。其次,"无为"反对好大喜功,私心妄为。《老子》第五十七章云:"我无为而民自化,我好静而民自正,我无事而民自富,我无欲而民自朴。"统治者无欲无为、安静无事,民众就自然会回归纯朴、富足。再次,"无为"强调稳定的重要性。《老子》第六十章云:"治大国若烹小鲜。"小鲜即小鱼。烹制小鱼时不宜反复翻动,否则鱼全碎了,没法吃。《老子》以此说明治国理政不能瞎折腾,非常形象生动。

《老子》第八十章描绘了其理想生活:"小国寡民。使有什伯之器而不用,使民重死而不远徙。虽有舟舆,无所乘之。虽有甲兵,无所陈之。使民复结绳而用之。甘其食,美其服,安其居,乐其俗。邻国相望,鸡狗之声相闻,民至老死不相往来。"这并不是要求回到原始社会。人们有车船(舟舆)、武器(甲兵)等"什伯之器",只是不需要用到而已。这样的生活当然是幸福的。比较一下:如今大城市的工薪阶层,上班的地方离家很远,需要用车。如果没有车,是痛苦的。发生战争的国家,需要用到武器。如果没有武器,更痛苦(战国时期感受很深)。《老子》追求的是一种简朴、轻松的生活,不要有过多的欲望。在现代社会,有许多都市白领感觉生活压力太大,工作太累,希望回归田园。他们对《老子》的理想生活就会产生认同感,因为老子克服了名利之类外来的东西,是从人的最原始、最朴实的本性出发去思考问题的。

4. 认识论

道家特别是庄子的认识论,注意到不同群体的立场差异,看到了真理的相对性,冲击了独断论,闪烁着人文精神的光辉。

《庄子·齐物论》载:"民湿寝则腰疾偏死,鳅然乎哉?木处则惴栗恂惧,猿猴然乎哉?三者孰知正处?民食刍豢,麋鹿食荐,蝍蛆甘带,鸱鸦耆鼠,四者孰知正味？……毛嫱、丽姬，人之所美也；鱼见之深入，鸟见之高飞，麋鹿见之决骤。四者孰知天下之正色哉？"人睡在潮湿的地方会腰疼偏瘫，泥鳅也会这样吗？人待在树上会战栗、恐惧，猿猴也会这样吗？人、泥鳅与猿猴，谁知道应该住在哪里？人吃粮吃肉，麋鹿吃草，蜈蚣吃蛇，猫头鹰、乌鸦吃老鼠，四者谁懂得分辨美食？……毛嫱、丽姬，是人所公认的美女，但鱼儿见了她们就潜入深水，鸟儿见了她们就飞上高空，麋鹿见了她们就奔向远方，四者谁会欣赏美色？庄子用形象的比喻说明，人们的立场不同，情况各异，其观念也会大相径庭。如果把自己的意见强加于人，就会导致糟糕的后果。联系当时的社会背景，在庄子看来，不同派别"百家争鸣"，各是其所是，各非其所非，相互之间"自然而相非"，是没有意义的。

《齐物论》还证明辩论不能确定是非："既使我与若辩矣，若胜我，我不若胜，若果是也，我果非也邪？我胜若，若不吾胜，我果是也，而果非也邪？其或是也，其或非也邪？其俱是也，其俱非也邪？我与若不能相知也，则人固受其黮闇，吾谁使正之？使同乎若者正之，既与若同矣，恶能正之？使同乎我者正之，既同乎我矣，恶能正之？使异乎我与若者正之，既异乎我与若矣，恶能正之？使同乎我与若者正之，既同乎我与若矣，恶能正之？然则我与若与人俱不能相知也，而待彼也邪？"在辩论中获胜的，未必是真理；在辩论中失败的，未必是谬误。辩论双方及第三人（无论他的立场如何）均没有判定是非的资格。不仅如此，同一人的是非也可能会改变。《齐物论》载："丽之姬，艾封人之子也。晋国之始得之也，涕泣沾襟。及其至于王所，与王同筐床、食刍豢，而后悔其泣也。"阅历和环境的改变，可能使人的思想、观念发生翻天覆地的变化。总之，庄子认为没有永恒的、绝对的是非。用今天的话语来说，庄子以自己的方式指出了真理的相对性，使人的思维得到了解放，这是他的重要贡献之一。

三、佛家文化的人文精神

佛教起源于古印度，在两汉之际传入中国，经过几百年的发展，在魏晋时期走向兴盛。隋唐时汉传佛教形成八大宗派：唯识宗（也称慈恩宗、法相宗）、三论宗、天台宗（也称法华宗）、华严宗、禅宗、净土宗、律宗和密宗。唯识宗的代表人物有玄奘、窥基，祖庭为西安大慈恩寺，主要经典有《解深密经》《瑜伽师地论》和《成唯识论》；三论宗的代表人物是吉藏，祖庭为西安户县草堂寺，主要经典有《中论》《十二门论》和《百论》；天台宗的代表人物是智颛，祖庭为浙江天台县国清寺，主要经典是《妙法莲华经》；华严宗的代表人物是法藏，祖庭为西安华严寺，主要经典是《华严经》；禅宗的代表人物是慧能,祖庭有河南初祖少林寺、安徽岳西二祖寺、天柱山三祖寺、湖北黄梅四祖寺、五祖寺以及广东南华寺,主要经典为《坛经》;净土宗的代表人物有善导、慧远,祖庭有江西庐山东林寺、陕西西安香积寺,主要经典有《无量寿经》《观无量寿经》《阿弥陀经》和《往生论》;律宗的代表人物有道宣、弘一,祖庭为西安净业寺,主要经典是《四分律》;密宗的代表人物有善无畏、金刚智、僧一行,祖庭为西安大兴善寺、青龙寺,主要经典有《大日经》《金刚顶经》。此外,还有藏传佛教(俗称喇嘛教),即传入中国西藏的佛教分支。它属北传佛教,与汉传佛教、南传佛教并称佛教三大地理体系,以密宗传承为其主要特色。藏传佛教的流传地集中在中国藏族主要聚居地区(西藏、青海、四川、甘肃、云南),以及蒙古,尼泊尔,不丹,印度的喜马偕尔邦、拉达克和达兰萨拉,俄罗斯的卡尔梅克、图瓦和布里亚特。

佛教的学说就是佛学。如前所述,有些人赞成佛教的全部或部分学说,但并未皈依佛教,而本文所说的佛家文化,既指佛教又指佛学。本文认为,佛家文化的人文精神,主要表现在以下几个方面:

1. 对生命的尊重

道家尊重生命,重点在于看轻身外之物,珍惜自己的生命。与此不同,佛家对生命的尊重不限于自身,也不限于人类,而是对一切"有情"(也译为众生,指人和一切有情识的动物)的生命的尊重,所以,佛家强调不杀生,还主张放生。

佛家主张慈悲为怀,关爱生命,要求"从慈悲眼等视一切众生"。因为众生最爱惜的是自己的生命,你杀害他,他的怨恨报复心也最重。相反,你救了他,他最感激,所以福德积得最深。《大智度论》说:"诸余罪中,杀业最重。诸功德中,放生第一。"如果我们想改变命运,必须依靠强大的善力,而救生的力量在诸善中是最为显著的。所以,大乘佛教中的"五戒"①,以"不杀生"为第一。因为戒杀生,所以无论出家还是在家,修行的人都应茹素。此外,佛家在处理关于"有情"的一切事务中,都要求做到惜生、护生,以积累功德、培养慈悲心。

2. 主张众生平等

《坛经》中讲了这样一个故事:六祖慧能 23 岁时,到湖北黄梅拜五祖弘忍为师。当时弘忍问他:"你从什么地方来? 来这里欲求何物?"慧能回答说:"弟子从岭南来。弟子不求什么,但求作佛。"弘忍接着说:"岭南人一般都很野蛮,如何能做佛呢?"慧能说:"人分南北,佛性也分南北吗? 岭南人的佛性与和尚的佛性又有什么区别呢?"

---

① "五戒"是指:一不杀生,二不偷盗,三不邪淫,四不妄语,五不饮酒。

于是,弘忍收留了他。在这次对话中,慧能认为,虽然不同地方的人会有各自的特点,但他们心中的佛性都是一样的。这就明确地提出了一种平等的观念。

世界上有很多不同的平等观念,如上帝面前人人平等、时间面前人人平等、法律面前人人平等。慧能强调在佛性面前人人平等,就是说,在成佛的可能性上人人平等。不仅如此,佛家还认为,一切"有情"都具有同样的佛性,也就是说,所有的动物都与人一样可以通过修行而成佛。

3. 对人类苦难的深切同情

佛家的一个重要理论是"四谛":苦谛、集谛、灭谛、道谛。苦谛是说人生都是痛苦的,集谛是讲人生苦的综合原因,灭谛是讲摆脱人生苦的道理,道谛是讲消灭欲望、灭除痛苦、修成正果的道路。其中,苦谛是这一理论的基础。

苦谛对于人生之苦进行了全面、深刻、细致的论述,表现了佛家对于人类苦难的深切同情。佛家把苦分为二苦、三苦、四苦、五苦、八苦乃至一百一十种苦。比如,二苦指内苦和外苦。内苦是本身的苦,包括身体的痛苦和精神的痛苦。外苦指天灾人祸所造成的苦难。八苦则指生苦、老苦、病苦、死苦、怨憎会苦、爱别离苦、求不得苦和五取蕴苦(五取蕴包括色、爱、想、行、识,就是指人身,包括形体和精神)。其中,讲生苦十分生动形象。佛家认为,人生首先要过住胎的日子,十月住胎就像被关在黑暗的牢房里,十分难受。母亲喝热汤,就像下油锅那样受到烫煮。出生后,冷风触身,犹如刀割。红嫩的皮肤接触粗布,如坐针毡。总之,人的出生就是非常痛苦的,所以都要呱呱地哭。

4. 以解除人生痛苦为重要宗旨

人生充满痛苦,怎样才能获得解脱? 佛家的方法很特别,就是把整个世界都看作是"空"的。[①] 故佛门也称为"空门",皈依佛教就是遁入空门。

佛家有一个重要观点:四大皆空。所谓"四大",就是构成物质世界的地、水、火、风四大元素。在佛家看来,由"四大"构成的事物和现象都是因缘和合而成,没有独立自存的主体或本质。只要众缘离散,事物就不存在,故佛家讲"无常""无我"。既然一切都是"无常""无我",就应该破除"我执""法执",对一切均不要执着,而贪、嗔、痴也就可以消除了。

《金刚经》末尾有四句偈:"一切有为法,如梦幻泡影。如露亦如电,应作如是观。"一切有为法,泛指一切有造作的因缘所生的事物。它们都像梦幻或泡影一样,

---

① 因为整个世界都是空的、不真实的,所以痛苦也是不实在的,不必执着。这实际上不是解决问题,而是取消问题。

是不真实的;像露或电一样,是转瞬即逝的,不是永恒存在的。大乘佛教的重要典籍《般若波罗蜜多心经》中说:"色即是空,空即是色。"也是这个意思。色是指一切能见到或不能见到的事物、现象,它们都是空,是人所产生的幻觉,是短暂的、不实在的。既然是幻觉,就不要在意,由此引起的痛苦、烦恼也就消除了。

《坛经》中有一个著名的故事:禅宗五祖弘忍为选择继承人,让弟子们作偈。大弟子神秀作了一首:"身是菩提树,心如明镜台。时时勤拂拭,莫使惹尘埃。"大意为:弟子的身体就像菩提树(传说释迦牟尼是在菩提树下觉悟的),心灵就像明镜台;修行就是不断地反省,不要让心灵蒙上尘垢。弘忍见了,不满意。另一个不识字的弟子慧能,针对神秀的偈,请人代笔写了一首:"菩提本无树,明镜亦非台,本来无一物,何处惹尘埃。"最终,慧能凭此偈继承弘忍的衣钵,成了禅宗六祖。慧能的偈之所以得到弘忍的赏识,是因为它表达了"空"的道理:菩提树、明镜台都是幻象,不是真实的存在("本来无一物")。用今天的网络语言来讲,即"神马都是浮云"。

佛教认为,懂得这个"空"的道理是很重要的。在《西游记》中,菩提祖师给美猴王起名为"悟空",后来唐三藏评论说:"正合我们的宗派。"(第十四回)①就表达了这样一个意思。

更进一步,不仅要懂得现象是"空"的,不要执着,而且对于"空"的道理也不要执着,这就是"空空"的境界。只有这样,方能彻底免除烦恼,获得幸福。

现象虽然是幻觉,但其出现并非随意的、杂乱无章的。每一种现象的到来,都有其特定的条件,佛教称为"缘起",所谓"万法皆缘"是也。现象与现象之间存在着因果报应的关系。报应分三类:当世此身受报为现报,来生受报为生报,二生三生乃至百生千生受报为后报。佛家认为,人生的苦难,可以说是一个结果。造成这一结果的原因是人自身的思想、言论、行为,所谓"身口意"三业。所以佛教讲"自作自受",自己造这个业,自己就要受这个报。业不是外在的,而是生命主体自身造的。因此,要求解脱,就要了脱生死,达到一个清净的、寂静的境界,也就是我们常讲的涅槃。涅槃的意思就是寂静,让你的苦不生起。苦不生起,才能摆脱"六道轮回",往生极乐世界。

5. 普度众生的精神

佛教中用马车来比喻度众生的工具。大乘的相应梵语是"Mahayana",音译"摩诃衍那""摩诃衍"等,是大的车乘之意(与此相对,"小乘"的相应梵文为"Hinayana",

---

① 吴承恩.西游记[M].上海:上海大学出版社,2018.

音译"希那衍那",是小的、低等的车乘之意)。在佛教声闻、缘觉、菩萨的三乘教法中,"声闻乘"和"缘觉乘"为小乘教法,菩萨乘(或佛乘)为大乘教法。

如前所述,大乘佛教与小乘佛教的主要区别是,大乘佛教主张普度众生,不做自了汉。"大慈与一切众生乐,大悲拔一切众生苦"[1]。大慈大悲是大乘佛教的根基,它要解除一切有情众生的痛苦,使之进入喜乐世界。其最典型的例子是地藏菩萨。地藏菩萨是佛教四大菩萨[2]之一,为佛法"大愿"的象征。佛典载,地藏菩萨在久远劫前发下大愿:"众生度尽,方证菩提,地狱未空,誓不成佛。"明明可以去清净的佛国净土,却心甘情愿地停留在最苦的地方——地狱去救度众生,这充分体现了佛家的利他精神。

大乘佛教主张众生平等,皆可成佛。一念悟,众生即佛;一念迷,佛即众生。大乘佛教的修行者就是通过六度[3]、四摄[4],积极提升自己和他人的慈悲心和智慧的能力,自利利人,也提升人们量大福大、心大功德大的博大胸怀。无论布施一钱,还是常施恩惠于万众,不望其报,于一切有情起如自己平等之心,福慧双运。印度佛教以这种平等观念反对婆罗门教的种姓隔离的等级制度。不过,可能由于根深蒂固的婆罗门教等级思想的影响,显得超前、高尚及精深的大乘佛法的发展在印度受到了限制,但传到中国后,则得到了不错的发展。

6. 强调自我超越

禅宗是中国化的佛教。它淡化了先前佛教中神化了的东西,强调一切佛、菩萨皆为表法,也就是说,佛、菩萨不是我们盲目崇拜的神,而是表现佛法的。《坛经》中说:"慈悲即是观音,喜舍名为势至,能净即释迦,平直即弥陀。""慈悲即是观音",观音表的法是慈悲;"喜舍名为势至",势至表的法是喜舍。慈悲喜舍,是佛教非常推崇的四无量心。慈,就是给人以快乐;悲,就是去除人们的痛苦;喜,就是跟众生同喜乐;舍,就是把一切都放下。"能净即释迦",释迦表的法是能净,能够自净其意,这是佛教的核心理念。所以,《阿含经》中说:"诸恶莫作,众善奉行,自净其意,是诸佛教。"去恶为善,自净其意,就是佛教的宗旨。"平直名弥陀",弥陀佛表的法是平直。平直就是没有歪的、斜的,就是真诚、正直。能保持一颗平直的心,就是弥陀佛的境界。

---

① 龙树.大智度论[M].鸠摩罗什,译.北京:中华书局,1998:9.
② 另三大菩萨是观音菩萨、文殊菩萨、普贤菩萨。
③ 六度指布施、持戒、忍辱、精进、禅定、般若。
④ 四摄是菩萨在众生中进行工作的方法。第一是布施摄,包括财布施、法布施、无畏布施;第二是爱语摄,指慈爱的言语和态度;第三是利行摄,指为大众利益服务;第四是同事摄,指在生活和活动方面同于大众。

《坛经》强调："佛是自性做，莫向身外求。"自性迷，即是众生；自性悟，即是佛。马祖道一的弟子慧海在《顿悟入道要门》说得更直白："当知众生自度，佛不能度；努力努力自修，莫倚他佛力。"就是说，依靠自己，实现自我超越，才是正确途径。

在禅宗看来，佛法就在日用之中。穿衣吃饭有佛法，走路睡觉有佛法，以至于拉屎撒尿都有佛法。赵州和尚让我们做本分事，就是说，你现在做什么，就好好地去做这个该做的事情。台湾的星云法师也说："是什么人，做什么事。"他说我是一个和尚，就要做和尚的事，要保持和尚的威仪，按照和尚的责任去做好一个和尚。修禅不是什么分外的东西，而是分内的事情，就是生活中的事情。禅宗抛开了烦琐的教条，把理论简化，让我们直接把握精神，注重实践，这是它广受欢迎的一个重要原因。

综上所述，佛家文化虽来自古印度，但已在中国发展了2000余年，已经充分中国化了，成了中国传统文化的重要组成部分。有人认为，儒、释、佛各有其用，主张"以儒治世，以道养生，以佛养心"。总的说来，它们都注重"人生"的问题，体现出中华文明的特点（与此相对应的是，西方文明更注重"世界"的问题）。也由于这个原因，儒道佛三家均蕴含着十分丰富的人文精神。

第四章　史学中的人文精神

中国传统文化定位于伦理政治,重视人伦教化尤其是以民生、人心为写照的人文精神。这种人文精神不仅在思想文化的传播中得以体现,而且展现于文学、史学甚至自然科技的命脉之中。其中,史学有着悠久的历史,更散发着深厚人文精神的气息。历史典籍浩瀚如烟,按照传统分类,分为经、史、子、集,"史"赫然独立,蔚为大宗。史学传统的人文精神始于上古原生态史学,奠基于先秦时期的史官文化;以司马迁《史记》成书为标志,人文精神便成了史学传统的鲜明旗帜。中国史学中蕴含着丰富的人文精神,如人本思想传统、惩恶扬善传统、人生修养传统、忧患意识传统、秉笔直书传统等。这些人文精神不仅具有历史感,而且散发出时代感,在重视对过去的思考的同时关注着现实并憧憬未来,体现了对人的自身价值和社会责任的认识,以及对美的追求的不断提高。总之,史学中的人文精神具有深远的理论意义和实践意义。

新世纪以来,关于科学观、人文观及科学与人文关系的讨论日趋增多,人们对此讨论的关注度也日渐提高,这自然使其带有一定的时代的气息。近些年来,党和国家重要领导人也十分重视史学的发展。最近,习近平总书记在致信祝贺中国社会科学院中国历史研究院成立时强调,希望中国历史研究院团结凝聚全国广大历史研究工作者,坚持历史唯物主义立场、观点、方法,立足中国、放眼世界,立时代之潮头,通古今之变化,发思想之先声,推出一批有思想穿透力的精品力作,培养一批学贯中西的历史学家,充分发挥史学知古鉴今、资政育人作用,为推动中国历史研究发展、加强中国史学研究国际交流合作作出贡献。可以看出习近平总书记强调历史研究的重要性也是对我国史学界加快构建中国特色历史学学科体系、学术体系、话语体系的殷切期望。这将有利于培养科学的学风,提高全民族的综合素质,促进各项工作的科学决策。

一、史学与人文

人文这个概念在中国史学中出现得比较早,《周易·贲》说:"观乎天下,以察时变;观乎人文,以化成天下。"①我们现在的"人文"二字,实际上来源于此,意指在历史中形成和发展的,由人类优秀文化积淀、凝聚和孕育的人类社会的各种文化现象以及强调以人为主体,尊重人的价值。孔疏解释"人文"说:圣人观察人文,则《诗》《书》《礼》《乐》之谓,当法此教而化成天下也。据此,那么"人文"则与文化、制度及教育有密切联系。《后汉书·公孙瓒传》后论有"舍诸天运,征乎人文"之说。李贤注曰:"天运犹天命也,人文犹人事也。《易》曰观乎人文,以化成天下。"李贤注把"人文"解释为"人事",针对《后汉书》史论来说是毋庸置疑的,同时它又引用《易》曰进一步说明,这使得《周易·贲》中所指的"人文"的含义更加宽泛化了。我们在此讨论的人文,包含了孔疏与李贤注的说法。清代史学家章学诚,在讲到典制体通史的时候,也曾用了"事实人文"这个概念。他写道:"夫通史人文,上下千年,然而义例所通,则隔代不嫌合传。"②这里,他讲的"事实人文"是包含一般史事及各种制度。他所说的"通史人文",是指用通史体例撰写的制度史。章学诚只是在论述"通史"体例时提及"人文"这个概念,并没有对其做任何解释,但是我们根据上下文,大致能推断出他谈及的"人文"之所指。

　　人文精神作为一种文化现象,其形式是隐形的,是人对人、人对社会、人对自然的和谐共存的一种关怀。换言之,也就是以人为核心,达到人与人类社会以及人与自然界的和谐共处,实现人的价值和以人为本的精神。我们中华民族是一个崇尚人文传统的民族,这从黄帝被尊称为"人文始祖"中可以看出来。我们人是万物之灵,我们人之为人,是在于有思维。黑格尔说:"唯有思维,才能把握本性、实体、世界的普遍力量与究竟目的。"③人又是社会的主体,马克思曾言,人的本质是一切社会关系的总和。人无法脱离社会而单独存在,同样,社会的发展也无法脱离人的生产实践活动。"观乎人文,以化成天下。"这句话表明在2 000多年前中国古人已经认识到:要治理好天下,使得天下人民得到教化,从而推动整个社会趋于安定以及人民安居乐业,人文因素所起的作用是必不可少的。现在我们提倡科学精神的同时,仍旧注重倡导人文精神的提高。当今热议的生态文明就体现了科学精神与人文精神的结合,不仅有利于推动科学技术和经济社会的发展,还有利于人类社会的长期可持续。

　　在西方,"人文"的概念是同人性与教育密切相关的。早在文艺复兴时期,人文研究是与神学研究相对立而存在的。人文研究认为人是宇宙的主体,是万物的主

---

① 施忠连.四书五经诵读[M].上海:上海辞书出版社,2013:356.
② 章学诚.文史通义[M].上海:上海古籍出版社,2015:126.
③ 高家方.马克思真理观的实践转向[M].北京:群众出版社,2006:77.

宰。这是需要通过学校教育才能让人们树立的一种世界观。在中西方,尽管"人文"这个概念产生的历史条件各异,而且在具体表述上也有很明显的差别,但它们之间在本质上还是有相通之处的,即强调人在历史运动中的主体地位,重视教化的社会作用。既然在本质上相差无几,这便使得我们今天在讨论有关"人文"的话题时,思路会更开阔,对于"人文"内涵的认识也会更加丰富。在当代西方史学中,关注人也开始流行起来。法国当代著名史学家雅克·勒高夫在他的新著《圣路易》翻译成中文后,在专为中国读者写的前言中说:"本书中译本促使我关注声誉卓著和真挚友好的中国公众,因而,这是我十分珍惜的一个机会。"他说中国史学的传记传统至少始于司马迁的《史记》,要求中国读者能够进行"对比和互动"的阅读。同时,笔者认为有一点需要明白,即由于中国古代史学甚为发达,所谓"观乎人文,以化成天下"的传统,在中国史学中有突出的和连续性的表现。这是西方古代尤其是中世纪所无法比拟的。我们在此谈及中国史学中的人文精神传统及其种种表现,将有益于丰富人们对人文精神内涵的认识,有益于继承和发扬这种人文精神,因而在理论上和实践上都有重要的意义。举例说来,中国史学中的人本思想传统,"思齐"与"自省"的人生修养的传统、关心国家命运的忧患意识的传统、史学审美传统等,都反映出极其鲜明的人文精神。

对于人文,人们惯常谈论的是思想、道德、伦理、文学、艺术等,或者直接用"文化"来概括。至于史学,人们似乎谈论得不多。其实,我们所谈论的"文化",其中有许多方面、许多内容都离不开历史记载和历史撰述,离不开史学家的思想和活动,也就是说离不开史学。史学是一种特殊的文化载体,大到国家社会治理,小到个人修养提升的道理,都能在浩瀚如烟的古代史书中找到。其中,传统史学是中国古代学术界的大宗,其内容之丰富、史家之多、制度之完备在世界上都是绝无仅有的。李大钊在《史学要论》中说,历史就是人类的生活并为其产物的文化,历史学是研究在不断变化中的人生和其产物的文化,因此,研究历史不仅仅是对往昔的追忆,更多的是对往昔的反思和对即将成为历史的今天的认识与理解,"史学的研究,即所以扩大他们对于过去的同情,促进他们合理的生活",历史中有我们的人生,有我们的世界,有我们自己,从人文精神的视角来审视中国传统史学,我们将能够更好地把握传统史学的实质和精髓。

在中国几千年的史学发展中已经孕育着一种人文精神。所谓人文精神,就是人类对自身价值的肯定。自从人类诞生以来,就在不断探索着神、自然与人三者之间的关系。随着文明的不断进步,人类对于自身的价值就有越来越清醒的认识。这种人文精神在史学中也有所表现,但这种人文精神往往被神意、天命等超自然的观念所遮蔽,所以史学的人文精神会显得比较微弱,需要我们认真去发掘。当我们从现实去反观历史,再从历史来审视现实时,我们史学传统里的人文精神、人文思想是鲜活的,具有超然性和超越性的意义,它超越时间、超越空间,具有永恒的文化价值。具体说来有以下几个方面。

首先,从史学观点上来看,传统史学在论述历史的变迁、历史的因果时往往能够以"人事"的解释来对抗"天命"的解释,即从人本身的原因来解释历史。重视人,本来就是儒家思想的核心。《论语》说:"子不语怪力乱神。"这就表明在孔子的眼中,史官的作用已经与巫师分离了。以后的历史学家在面对重大历史变迁时更是能够察觉"盛衰之理,虽曰天命,岂非人事"。在一些史学著述中也反映了古人对"以民为本""以人为本"思想的认识。《尚书》中关于"民唯邦本,本固邦宁"的思想可以说是这种精神的最初体现。唐代史家吴兢则在《贞观政要》中大量记述了唐太宗君臣对于"以人为本"思想的认识。

其次,传统史学从其内容上看也很注重写人。司马迁开创了纪传体的编撰形式,首次在历史著作中记载了大量形形色色的人物,使历史记载凸显了人的活动和作用。《汉书》延续了《史记》的传统,使史书对于记载人的活动有了可遵循的模式。到了唐代的刘知几则把史书记载人物活动的问题看成是史家不可推卸的责任。他说:"夫人之生也,有贤,不肖焉。若乃其恶可以诫世,其善可以示后,而死之日名无得而闻焉,是谁之过欤?盖史官之责也。"[①]我们浏览一下二十四史的篇目就会发现,《史记》《汉书》中尽管也有循吏、儒林、游侠、滑稽等反映社会中下层人物的历史记载,但是所占篇幅比较小,而《宋史》《元史》《明史》中,对社会上普通人物的记述比例就大大增加了。以《明史》为例,它的列传部分共有 220 卷,其中从列传第十到第一百六十九卷是按照政治标准选择的对明王朝有特殊贡献的人物,主要是不同身份的官员,但是写知识分子的儒林和文苑的比例增加很多,共有 7 卷;写身份较低的下层政治人物的"忠义"之士也有 7 卷;而以"孝义"见长的普通人物则有 2 卷;"方伎""隐逸"各 1 卷;此外,还有"列女"3 卷。虽然"列女"中人物的选择是按照当时社会流行的标准也就是封建的伦理道德标准选择的,但这些人物的身份为普通的妇女则是不争的事实。她们有的人连姓氏都不清楚,只题名上海某氏、石门丐妇、兴安二女等。更值得重视的是,《明史》为农民起义首领李自成、张献忠立了传,虽然说是列入了

---

① 李华瑞.宋夏史研究[M].天津:天津古籍出版社,2006:121.

"流贼"传,但它毕竟完整地记载了这"亡天下"的农民起义过程。除了正史之外,明清以来所保留下来的大量地方志书,也按照正史的模式来搜求本地区符合记载标准的人物。这些人物则更是普通人物,其数量要比正史所载大得多。

再次,传统史学非常重视历史的教化作用。这一点对于中国史学来说已经是个古老的话题,前人对此有过许多论述,但我们讲到传统史学的人文精神时又不能不提到这一点。"观乎人文,以化成天下。"史学对人的教化作用非常明显,这是其人文传统的重要体现。对于国家和民族命运的忧患是中国历代文人学士的一个传统,也往往是史学家著书立说的思想动机。孔子作《春秋》,正是由于对社会"世衰道微,邪说暴行有作"的形势感到忧虑,从而激发起写作的欲望。许多历史学家都具有范仲淹的胸怀,他们"不以物喜,不以己悲,居庙堂之高,则忧其民,处江湖之远,则忧其君"。具有这种情怀的历史学家写出的作品,必然也会深深感染读者。像宋代杨万里那样,读了《通鉴纪事本末》后感到"如生乎其时,亲见乎其书,使人喜,使人悲,使人鼓舞"。史学对人有劝善惩恶的作用早已得到普遍的认同。诚如刘知几所说,后之学者"不出户庭,而穷览千载,见贤而思齐,见不贤而内自省"。这种"思齐"与"自省",就意味着通过读史可以使人学会做人的道理,从而增强人们的道德修养。

二、史学中的人本思想传统

近些年来,关于人文科学的研究越来越多,人文科学的发展也愈来愈受到重视。人类社会创造的最伟大的奇迹是人,而不是高科技,高科技终究还是由人创造的;人类社会把人当作最重要的开发对象,而不是大自然。因为人类社会首先对自我即人进行开发,然后才对大自然进行开发;人类社会最值得珍视的宝藏仍然是人,而不是钻石、珠宝。因为人的生命与潜能、自由与尊严、价值与智慧是这世间最珍贵的。总之,尊重人才是当今全世界的第一要务。

发现并不断加深认识人在历史运动中的决定性作用的过程,是人文精神产生和发展的一个重要方面,甚至可以说是最根本的方面。中国史学在这个问题的认识上所走过的道路,具有典型的和重要的意义。中国先民从"天命""上帝"的羁绊下逐步挣脱出来经历了漫长的岁月。

早在先秦时期,人们历史观念中的一个基本范畴就是"天",当时指的是至上之神。人们认为,王朝的兴亡、世间的治乱以至人们的福祸寿夭,都由"天命"来决定。有关这方面的记载,在先秦的官文书和王朝颂诗等文献中能找到很多。"天"在相当长的时间里被认为是人世间的主宰。"人"也是先秦时期人们历史观念中的一个基本范畴,最初不是指一般人,而是指人君。《尚书·大诰》:"天亦唯休于前宁人。"在这里"宁人"指周文王。这句话的意思是:上天只赞助我们的前辈文王。这是较早把"天"与"人"连在一起用,以表示人是从属于天的。当时,一般人只称作"民"。"民"更是受"天"的主宰。即所谓"天生蒸民""天亦哀于四方民"。但是,后来经过西周末年的社会动荡和春秋时期的诸侯争霸,人的作用被进一步彰显出来,"人"的含义便逐步扩大了。春秋末年和战国初年的私人历史撰述《春秋》《国语》《左传》,有很多地方是讲一般"人",也记载了一些人对"天命"的怀疑。《春秋》记载了关于政治上的得失成败。它记载雨水、雷电、霜雪、地震、水灾、虫灾、旱灾、冰雹等,都是把这些作为与人事有关的自然现象来看待的。这同孔子"不语怪、力、乱、神"的思想是一致的[①]。因而,《春秋》一书是中国史学上最早的重视人事的著作。《春秋》在历史表述上,是先秦时期史籍史最早摆脱天、神羁绊的史书。这是它在历史思想发展上的重大贡献。《左传》记周内史的话,说"吉凶由人";记郑国大夫子产的话,说"天道远,人道迩,非所及也,何以知之"![②]《国语·周语下》记单襄公的话,说"吾非瞽史,焉知天道"。《左传》和《国语》都写出了大量的在历史活动中的人,写出了关于人的风貌、活动以及对于人的议论。这些都充分表明了它们在历史思想上的进步。

　　战国以后,在历史思想领域,人们还未能完全摆脱"天命"史观的影响,有时甚至表现得很突出。但从整个历史发展趋势来看,"天命"受到了怀疑,人事逐步受到重视,重视人的发展便成了历史思想发展中不可遏制的潮流。司马迁的《史记》提出了"究天人之际"的重大课题,这对历史撰述和历史思想发展具有划时代的意义。他批评项羽兵败身死:"尚不觉寤而不自责,过矣。乃引'天亡我,非用兵之罪也',岂不谬哉!"[③]司马迁在《伯夷列传》中,针对"天道无亲,常与善人"的说法,发表评论说:"余甚惑焉,倘所谓天道,是耶? 非也?"这些表明司马迁对"天命"史观的大胆怀疑。

　　由我国历史发展的轨迹来看,西周以后,人们逐渐认识到人世间的客观历史不是由天命决定的,而是由人事决定的。换句话说,即人世间的衰败繁荣、美丑善恶、安定战乱都是由人自身的因素决定的。这是人文精神在史学中得以确定和不断发扬的过程。司马迁的伟大之处在于,他不仅认识到了这一点,而且他在《史记》中把这个思想如实反映出来了。《史记》是中国史学上第一部把人真正作为历史主体来

①　龙昭雄.论语与现代生活(下)[M].南宁:广西人民出版社,2013:191.
②　梅良勇等.中国哲学通史纲要[M].南京:东南大学出版社,1993:36.
③　陈国本.通鉴史论集[M].北京:北京联合出版社公司,2014:23.

对待的宏伟著作。它对历史变化的动因有许多朴素的唯物主义的解释。同时,《史记》是一部以人物为中心的纪传体史书。本纪是描写帝王的政绩;世家是描写诸侯、勋贵的兴亡,以及一些特殊人物,例如孔子、陈涉;涉及内容更多的是列传,记录了重要人物的言行事迹,描写了各阶层的代表人物。在七十列传中,对于历史中的各种人物,司马迁是有选择的,其中有几句话:"扶义俶傥,不令已失时,立功名于天下。"①大意是说,要做一个既正直又潇洒的人,要有见识,能够看清形势,不可自己错过历史的机遇,而这样的人是要有责任感的。史书也是以人物为中心进行描写的,它包括历史的进程、朝代的更迭,各种制度以及天文、地理等,在这个世界上二十四史是独一无二的。因为迄今为止没有任何一个民族,没有任何一种文化,像二十四史这样有这么多人的活动。它是人本思想的一个极为重要的标志。《史记》在历史思想上体现出来的唯物主义倾向,对后来的史学发展有重大的影响。

在二十四史中,也有一些明显地宣扬"天命"的皇朝史,但它们毕竟都是着眼于写人在历史中的活动。其称为"天命",固然有些许的真诚,但不少都是些内容空洞、敷衍了事的言论。如同司马迁在历史思想上提出了"究天人之际"的任务具有重要的意义一样,史学批评家刘知几提出了清除"天命"史观在历史撰述中之不良影响的任务。他断然指出,自然界的种种变化,"此乃关诸天道,不复系乎人事"②。刘知几并不是彻底否认"天道",但是他所谓的"天道"显然已包含了不少属于自然现象。不论属于何种情况,他认为凡属于"天道"范围者,史家应取"不复系乎人事"的态度。刘知几从其朴素唯物思想的倾向出发,把"天道""人事"的关系作为历史撰述中的一个理论问题提出来,其意义显得更为重要。

另一位史学批评家、思想家柳宗元对荀子以来"天人相分"的学说予以继承并发展,对"天"作了物质的阐述,并从根本上否定了"天"是有意志的至上神,从而也就否定了"天命"史观。他指出:"天地,大果蓏也;天气,大痈痔也;阴阳,大草木也。其乌能赏功而罚祸乎!功者自功,祸者自祸,欲望其赏罚者大谬。呼而怨,欲望其哀且仁者,愈大谬矣。"自司马迁对"天道无亲,常与善人"的观念表示怀疑以后,到柳宗元提出上述观点,可以说人们历史观念中的至上神的"天"被逐步驱除出去,这在"天"与"人"及天人关系的认识上,是一个重大的进展,是历史思想发展上又一个划时代的里程碑。

在中国古代史学中,在探索"天命"与"人事"对于历史的关系时,伴随着对"天

① 张大可等.史记论著集成[M].北京:商务印书馆,2015:292.
② 谢保成.隋唐五代史学[M].北京:商务印书馆,2007:198.

命"的怀疑和对"人事"的重视,便萌生了从人世间寻求历史变动原因的思考。春秋时期有位史官史墨曾言:"社稷无常奉,君臣无常位,自古以然。故《诗》曰,高岸为谷,深谷为陵。三后之姓,于今为庶。"①他试图表明自古以来掌管国家权力的人是一直处于变化之中的,君与臣的位置也是有变动的。同时,他还用自然界的变化来证明自己的见解。史墨从他丰富的历史知识中得出的见解,对于那个时代而言,可谓是石破天惊。他对现实社会和历史的变化有深刻的感受和认识,而且他生动形象地用陵、谷的变迁来比喻来阐明这种变化的原因。

司马迁撰写《史记》的主旨之一,便是要"通古今之变"。他认为应该从"物盛则衰,时极而转""事势之流,相激使然"等方面来看待社会历史的变化。这是明确指出了社会历史的发展与变化,是人事和时势相互影响而造成的,这一点我们毋庸置疑。司马迁在《报任安书》中还谈及,他著《史记》上起黄帝、下至当世,"考之行事,稽其成败兴坏之理"。这个"理",即主要是指"事势之流,相激使然"的真相。柳宗元和王夫之发展了以往历史思想中关于"势""事势"的思想,柳宗元的《封建论》对"势"有精辟的阐述,王夫之说"理"即"物之固然,事之所以然也"。②但是,王夫之所说的"理"不同于司马迁说的那些具体的道理,而是指事物自身发展的法则。我们要知道,从"天命"到"人事",从"事势""时势"到"物之固然,事之所以然"的"理",是古代史家关于历史变化动因的认识过程。从司马迁提出"稽其成败兴坏之理"到王夫之在《读通鉴论》叙论中提出"求顺于理",经过漫长的认识过程,终于从具体的"理"升华到抽象的"理",最终便成为古代史学之历史思想中的永久流传的瑰宝。

古代史学家在探究历史变化动因的过程中,还遇到一个长期困惑的问题,那就是人的作用到底占有什么样的位置。对于这个问题的认识,大致经历了两个发展阶段:第一个阶段是神与民的关系;第二阶段是"圣人"和"生人"的关系。《国语·郑语》记周代史伯引《泰誓》中的话说:"民之所欲,天必从之。"《左传·桓公六年》载季梁与随侯的对话中说道:"夫民,神之主也。是以圣王先成民而后致力于神。"这是很有意义的。但是,在这里还是把作为人的"圣王"放在了中心位置。这个思想在很长时间里占据统治地位。董仲舒的"天人感应"说,实质上也是以此作为理论的核心。

在对于秦始皇废封建而建立郡县制的得失中,有一派认为封建是"先王"的本意。秦始皇废封建违背了"先王"的本意,因此便导致了它的迅速灭亡,如魏代曹同的《六代论》、晋代陆机的《五等论》等都是认为先王的"分封制"是十分明智与合理

①　赵逵夫.先秦文学编年史[M].北京:商务印书馆,2010:808.
②　范玉秋等.中国哲学与传统文化[M].天津:天津人民出版社,2015:225.

的。许多史学家对于这样一个重大历史变动的原因进行了论辩，并阐发了各自的历史思想。其中以李百药、柳宗元分别写的两篇《封建论》最具有代表性与影响力，其中柳文甚为出名。柳宗元以大量的历史事实为根据，说明封建"非圣人意也，势也"。他这里所说的"势"有两层含义，既包含了历史趋势，也指出有客观形势的意思。在柳宗元的论述中，谈到了"圣人"因势制宜的思想，表明他并没有完全否认"圣人"的作用。柳宗元历史思想中还有一点是值得提出来的，即他更重视"生人之意"在历史变动中所起的作用。他明确指出，其所撰《贞符》一文是证明"唐家正德受命于生人之意"。"受命于生人之意"，是作为"受命于天"的对立面提出来的，而"生人"是包含了普通民众在内的。柳宗元把自唐初以来唐太宗君臣反复强调的"君，舟也。民，水也。水所以载舟，亦所以覆舟"的古训理论化了。他对"生人之意"的肯定，是从隋唐之际的客观形势中发掘出来的，其中他隐约地看到了民众在历史变化中所发挥的重要作用。

关于人在历史变动中的作用，在中国古代历史思想中，主要的和基本的方面还是肯定帝王将相的作用，像柳宗元那样明确地肯定"生人之意"的历史作用毕竟是少数。不过，肯定帝王将相的作用，也有种种不同的情况。一种情况是把历史的或现实的繁荣衰败、得失完全归结于个人的作用。我们可以从众多古代史书中看到有关该方面的记载。另一种情况是强调统治集团中不同人才所发挥出来的群体效用。如由魏徵执笔撰写的《隋书》史论，提出这样的见解："大厦云构，非一木之枝；帝王之功，非一士之略。长短殊用，大小异宜，木兑栋梁，莫可弃也。"[1]这种见解较之把"帝王之功"完全归于一人一谋的观点，是巨大的进步。在中国历史上出现过有名的"贞观之治"，这是以唐太宗为首的统治集团，在贞观年间推行的一系列政治、经济、文化的措施和政策，在较短的时间内适应了当时的形势，从而把乱世变成了治世，使唐朝成为世界历史上最负盛名的朝代。这其中，与李世民本人对人才的珍爱和对人民大众生活深切关注分不开，其中一例是出现了"贞观君臣论政"，李世民说："为君之道，必先存百姓，凡事皆需务本，国以人为本，人以衣食为本。"[2]因此他确定了"偃革兴文，有德施恩，中国既安，远人自服"的"以文治国"的总方针。围绕这一方针，建立了一个适应形势要求的领导集团，任人唯贤，不拘一格起用人才，拔擢一大批精干的官吏。如道士出身并参加过农民起义军的魏徵，原为李建成的宫臣，在李氏兄弟争夺皇位的过程中介入很深，曾劝说李建成早日除掉李世民。可是，李世民不计前仇，委

① 瞿林东.中国史学史纲[M].北京：北京师范大学出版社，2010：179.
② 詹子庆.中国古代史[M].北京：高等教育出版社，1997：36.

以重任,符合太宗的用人原则,即"朕之授官,必择才行,若才行不至,纵朕至亲,亦不虚授"。正是他虚怀若谷,不仅消除了敌对势力的疑虑,而且网罗了一大批有政治才能的朝臣,如房玄龄、杜如晦、魏徵等能臣,魏徵"直言敢谏",唐太宗的"从谏如流"便成为一种风尚。

从另一个角度来看,一个杰出的人、伟大的人,他要有一定的历史舞台才能更好地发挥作用,否则他也将一败涂地。还有一种情况是,注意到一定时间、形势、环境对人们的影响和作用。《隋书》史论在评论李圆通、来护儿等人时指出:"圆通、护儿之辈,定和、铁杖之伦,皆一时之壮士,困于贫贱。当其抑郁未遇,亦安知其有鸿鹄之志哉!终能振拔污泥之中,腾跃风云之上,符马革之恩,快平生之心,非遇其时,焉能至于此也!"上述几种情况基本都认为历史是少数杰出人物所创造的,都属于英雄史观。但也有一定的差别,其中后两种观点在古代历史思想发展上有重要的价值。值得注意的是,在关于历史人物的记述与评论方面,与刘知几的思想相通的还有另一种认识的表述形式,就是中晚唐之际李翱说的"富贵而功德不著者",不一定写入史册使其"声名于后",反之,"贫贱而道德全者",则应写入史册使其"恒赫于无穷"。这是明确地表明以"功德"或"道德"作为重要标准,而不看重贵贱、贫富的界限。这同样洋溢着尊重人格、人品的人文精神。

我们提倡人文科学,是要关心、关注人的发展、人的幸福。关注人的意识、心理、理想、观念、信仰等,是让人能与狭义的动物、狭义的经济动物、狭义的政治动物、狭义的文化动物、狭义的社会动物分割开,而使人成为各种关系的改造者、推动者和创造者,真正使人文科学变成我们个体生存、发展的有力推动者和精神食粮。

三、史学中的惩劝宗旨传统

中华民族经过数千年漫长的社会历史进程,留下了浩如烟海的史籍著作,对世人的劝诫一直是贯穿史学始终的原则之一。"惩恶劝善"一直是中国史学的宗旨。它不是用说教的方式,而是运用史笔的力量,使人通过读史后自觉培养一种自律意识。

史家一直津津乐道于"孔子作《春秋》而乱臣贼子惧"的春秋笔法,对后世产生深远影响。《左传·成公十四年》记:"《春秋》之称,微而显,志而晦,婉而成章,尽而不污,惩恶而劝善,非圣人谁能修之。"这句的后半段指出了《春秋》的撰述宗旨。唐太宗李世民也十分注重史学的惩戒功能。他特地设史馆专修国史,还善于从历代统治者身上吸取经验教训提升自己。唐朝是在隋末农民起义的烽火中产生的。隋建国不久就灭陈而统一南北,声势颇盛,但它和秦国一样,是个短命的王朝,仅历经三世而亡。这让唐太宗深有感触。故而唐太宗把撰写《隋书》作为巩固统治、安邦定国的一件大事。他安排当时最好的史学家来撰写《隋书》,将"以隋为鉴"作为该书的根本出发点。《隋书》揭露了隋炀帝通过阴谋篡位的丑行。《炀帝纪下》对隋炀帝继位后的情况如此记载:"荒淫无度,法令滋章,教绝四维,刑参五虐,锄诛骨肉,屠剿忠良,受赏者莫见其功,为戮者不知其罪。骄怒之兵屡动,土木之功不息,频出朔方,三驾辽左,旌旗万里,征税百端,猾吏侵渔,人不堪命。"唐太宗从中深刻认识到骄奢淫逸、祸害百姓的后果,所以他能在贞观之初就兢兢业业治国理政、造福人民。在唐太宗的领导下,经过君臣数年努力,使得政治清明、社会安定、人民安享田园之乐,从而开创了贞观盛世,达到了封建社会前所未有的繁荣。可见中国史学的惩劝宗旨由来已久,影响深远。

对这种惩劝宗旨的传统,究竟应给予什么样的评价呢? 要正确认识这个问题,应该和史学人本精神联系起来。既然中国史学认识到人在历史进程中的中心位置,而人的所作所为又千差万别,那么但凡是负责任的史学家就一定会对此做出判断,以辨明是非,使读史者得到正确的教益和警示。关于这个问题,唐代史学批评家刘知几有深入的思考。他在《史通·史官建置》篇中写道:"向使世无竹帛,时缺史官,虽尧、舜之与桀、纣,伊、周之与莽、卓,夷、惠之与跖、蹻,商、冒之与曾、闵,但一从物化,坟土未干,则善恶不分,妍媸永灭者矣。苟史官不绝,竹帛长存,则其人已亡,杳成空寂,而其事如在,皎同星汉。用使后之学者,坐披囊箧,而神交万古,不出户庭,而穷览千载,见贤而思齐,见不贤而内自省。若乃《春秋》成而逆子惧,南史至而贼臣书。其记事载言也则如彼,其劝善惩恶也又如此。由斯而言,则史之为用,其利甚博,乃生人之急务,为国家之要道。有国有家者,其可缺之哉!"①这一段话着重阐述了史学的惩戒功用,同时,也从一个很重要的方面阐述了人们读史的目的,即如何学做人和做什么样的人。

所谓"见贤而思齐,见不贤而内自省"两句话,高度概括了人们通过读史而学做人的根本途径。这与"君子以多识前言往行以蓄其德"有相通之处。这里的"德"指道德、学问。"前言往行"指前人的嘉言懿行。由此可见,人们把道德、学问的积累看作是读史、了解历史的首要目的,也就是把学做人看作是读史、了解历史的首要目

① 王雪萍.传统与现代:中国历史学研究十年[M].哈尔滨:黑龙江出版社,2011:9.

的。这清楚地表明,中国史学讲究人文精神、讲究人的修养与自律。对于这个道理,在当今社会并不是人人都明白的,以至于常常有人提出"学习历史有什么用"的问题。表面看来,这是史学意识的淡薄;深入地看,这是在怎样做人的问题上茫然的一种表现。讲人文精神,就应该讲怎样做人和做什么样的人,而"见贤而思齐,见不贤而内自省"是告诉了我们如何做人的道理,因此我们就应该重视读史,以此获得感悟并落实到日常生活的具体行动中。

在千千万万的历史人物中,史家应该特别关注那些"恶可以诫世,善可以示后"的人,如此可以教化更多的人。刘知几认为:"人之生也,有贤不肖焉。若乃其恶可以诫世,其善可以示后,而死之日名无得而闻焉,是谁之过欤? 盖史官之责也。"①刘知几把惩恶劝善的宗旨提升到史家作史的一个原则性问题来看待,这不无道理。当然,史家撰写历史,其史意内涵是丰富的、多方面的,并不只限于记述人物和评论人物,但记述人物和评论人事毕竟是作史的一个重要方面。著名历史学家陈旭麓在《浮想录》中谈及:历史学看来是探索过去,实际上应是为了现在与未来,那些食古不化人,永远只知道历史就是历史。因此,史学的惩戒功能对于当今社会的治理也具有一定的指导意义。习近平总书记在中共中央政治局第三十七次集体学习时强调:坚持依法治国与以德治国相结合,推进国家治理体系和治理能力现代化。故而,领导者多研读史书,以史为鉴,有利于更好地治理国家和管理社会;广大民众研读史书,陶冶性情,增长智慧,通过对历史典籍的学习与思考,人们自觉提高自身道德素养更加有利于维护社会稳定,推动和谐社会的建设。

四、史学中的忧患意识传统

中国古代史家历来有一种忧患意识。忧患意识能在许多史学家与士大夫身上反映出来。这个思想与情感表现在对子孙祸福、人民生活、社会战乱、国家命运的深切关注上,表现在对于人及其生活所处时代的命运的关注。这体现了史学的本质与功能,也是史学中人文精神的最集中的表现。由于史学家对于历史的认识往往与对于现实的认识联系起来,所以他们常常表现出对社会的前途、命运的忧患意识。同时,这也促使史学家致力于历史撰述。

"忧患意识"最初是针对殷商时期的人们听凭鬼神来决定生活习俗而提出的。

---

① 刘知几.国学经典:史通[M].郑州:中州古籍出版社,2012:175.

其基本内容是：个体在面对外在世界和种种困难时，应心怀敬畏，通过谨慎的态度和坚定的行为来解决问题，积极承担自己的责任和使命，并能洞见和预防潜在危机。在周初统治者"敬德""保民"的道德意识中，已经充分体现着浓厚的忧患意识，这也成为统治者家国情怀的重要内容。伴随着古代文明的演进，家国情怀与忧患意识一起逐步成为知识分子的核心思想，并通过一定方式来教化普通民众。《大学》等经典中建构的"修身、齐家、治国、平天下"的价值体系凝聚着传统家国情怀。这种家国情怀中蕴含的忧患意识有利于国家稳定和社会发展。

2 000多年前，儒家学派出了一位被后世尊称为"亚圣"的大思想家孟子。他有一句名言，今天读来依然极具深意，就是"生于忧患，死于安乐"。孟子生活在诸侯混战、礼坏乐崩的战国时期，也就是生活在乱世。在那个秩序混乱的时代，前路不可测，命运可能随时被改写，于是孟子发出"生于忧患"的感叹。在笔者看来，孟子所谈及的"忧患"包含两层含义：一是在混乱复杂的局势中看清现实，通过现象看清事情背后的本质，理清最关键的因果关系，也就是"看透"，这是"知"的层面；二是在看透之后能展现出行动的勇气，拥有坚韧不拔的意志，并懂得运用聪明的方法，团结一切可以团结的力量为自己助力，从而解决问题，这是"行"的层面。"知行合一"，二者一体才能展现出真正的威力。同时，"知"与"行"没有难易之分，虽然人们常说"知易行难"，但反观生活不难发现，大多数人始终难以认清自己的状况，在"知"的层面上就止步不前了，自然也就不会有"行"，所以这不是难易的问题，而是先后问题。孟子还指出："乐民之乐者，民亦乐其乐；忧民之忧者，民亦忧其忧。乐以天下，忧以天下，然而不王者，未之有也。"这就是说，统治者要把老百姓的利益放在第一位，这样百姓才能乐于接受你的统治，形成统治者和被统治者良性互动的局面。这种与天下人共欢乐同患难的思想，正是儒家"民本主义"的主要内容，同时也是历代忧国忧民思想的源泉。孟子说："世衰道微，邪说暴行有作，臣弑其君者有之，子弑其父者有之。孔子惧，作《春秋》。"[①]这就反映了孔子作《春秋》时的一种忧患意识。春秋战国时代，诸侯称霸，社会矛盾加剧，现实的苦难使人们不得不关注现实的社会，以获得自身的生存。庄子主要追求个人精神上的解脱而不是关心社会现实的改变；墨家提倡兼爱，要求仁人之事必务求兴天下之利，除天下之害，而墨者本身，却日夜不休，以自苦为极。孔子把国家和社会的利益放在首位，追求安邦定同、匡济天下的社会理想。修身、齐家、治国、平天下，把个人的命运同整个社会的命运紧密联系起来，强调个

---

①　曹之.中国古籍编撰史[M].武汉：武汉大学出版社，2015：20.

人的社会责任感。孔子曾说过:"君子忧道不忧贫,君子谋道不谋食。"他把"道"看得比人的富贵、生命更重要,提倡为"道"、为"仁"而牺牲的精神,把个体的苦愁患难放在次要的位置,这就是把忧患意识提升到一个更高的境界。孔子在乱世充满了忧患意识,担当着对于道义的责任感,而且他没有产生悲观情绪。孔子已经超脱了对个人祸福贫贱的忧虑,对道义能否大行于世的执着,达到了"乐天知命"的一种境界。

司马迁在狱中撰写《史记》时,对汉武帝统治下的社会表现出种种忧虑。人们可以从《史记·平准书》中看到,极盛时期的汉武帝统治面临着许多新问题。这表现了司马迁深沉的忧患意识,也传达出司马迁对于"宗室有士公卿大夫以下,争于奢侈,室庐舆服僭于上,无限度"的现实的深深忧虑。

司马迁处于西汉由鼎盛开始走向衰落的时期,故而发出了"物盛而衰,固其变也"的感叹。唐代史学家吴兢也有大致相仿的经历。生活在唐代武则天至唐玄宗时期的吴兢目睹了"开元盛世"的局面,同时也敏锐地觉察到唐玄宗开元后期滋生的政治上的颓势。于是,他写出了著名的《贞观政要》一书。该书以《君道》开篇,以《慎终》结束,充分反映出这位被当时人誉为"董狐式的史学家"的忧患意识。《贞观政要》旨在歌颂"贞观之治",同时总结唐太宗时代的政治得失,为后来的君主提供借鉴。唐玄宗曾经"书《贞观政要》于屏风,每正色拱手而读之"。在中国古代的传统社会中,君王对社会政治无疑起着极大的作用,因此臣下能对君王有所规劝是非常重要的。《郭店楚简·鲁穆公问子思》一条载,鲁穆公问于子思曰:"何如而可谓忠臣?"子思曰:"恒称其君之恶者,可谓忠臣矣。"公不悦,揖而退之。成孙弋见,公曰:"向者吾问忠臣于子思。子思曰'恒称其君之恶者,可谓忠臣矣'。寡人惑焉,而未之得也。"成孙弋曰:"噫,善哉,言乎!……夫为其君之故杀其身者,效禄爵者也。恒称其君之恶者,远禄爵者也。为义而远禄爵,非子思,吾恶闻之矣。"这段史书记载表明历史上有些儒者总是怀着"居安思危"的情怀,愿为天下忧。子思认为能经常批评君王的臣子才是"忠臣",成孙弋为此解释说:只有像子思这样的士子敢于对君王提出批评意见,这正因为他们是不追求利禄和爵位的。

中国历史上确有一些儒学者基于"忧国忧民"的"忧患意识"而能持守这种精神。汉初,虽有"文景之治",天下相对太平,但贾谊上《陈政事疏》谓:"进言者皆曰天下已安已治矣,臣独以为未也。曰安且治者,非愚则谀,皆非事实知治乱之体者也。"贾谊的这篇文章与子思的想法类似。他认为,治国有"礼治"和"法治","夫礼者禁于将然之前,而法者禁于已然之后,是故法之所用易见,而礼之所为难知也"。他并认为此

"礼治"和"法治"对于治国者是不可或缺的。此"礼法合治"之议影响中国历朝历代之政治制度甚深。在中国历史上有"谏官"之设，《辞源》"谏官"条说："掌谏诤之官员。汉班固《白虎通·谏诤》：'君至尊，故设辅弼置谏官。'谏官之设，历代不一，如汉唐有谏议大夫，唐又有补缺、拾遗，宋有左右谏议大夫、司谏、正言等。"在中国历史上的"皇权"社会中，"谏官"大多虚设，但也有少数士大夫以"忧患意识"之情怀而规劝帝王者，其"直谏"或多或少起了点对社会政治的批判作用。宋范仲淹有《岳阳楼记》一篇，其末段如下："嗟夫！予尝求古仁人之心，或异二者之为，何哉？不以物喜，不以己悲，居庙堂之高则忧其民，处江湖之远则忧其君。是进亦忧，退亦忧。然则何时而乐耶？其必曰'先天下之忧而忧，后天下之乐而乐'乎。噫！微斯人，吾谁与归！"[①]这段话可说是表达出了大儒学者之心声。因为在"皇权"统治的专制社会中儒学之志士仁人不能不忧，其"忧民"是其"仁政""王道"理想之所求。而此理想在专制制度下是无法实现的，故不能不忧。其"忧君"，则表现了儒家思想之局限，仅靠"人治"是靠不住的。在"皇权"的专制制度下，仁人志士之"忧"虽表现其内在超越之境界，但终难突破历史之限度。儒学者可以"杀身成仁""舍生取义"，但不仅不能动摇"皇权"专制，反而可能在某种程度上帮助统治者巩固了皇权统治。这或是历史之必然，不应责怪这些抱有善良理想良知之大儒，他们的主观愿望是可歌可泣的。个人的善良愿望必须建立在变革这专制制度上才可能有一定程度上之实现。《岳阳楼记》所体现的忧患意识与境界对于当时和后世都产生了深远影响，因此而成为千古不朽的名篇。

司马光在撰写《资治通鉴》之前写道："今采战国以来至周之显德，凡小大之国所以治乱兴衰之迹，举其大要，集以图，……凡一千三百六十有二年，离为五卷，命曰《历年图》，敢再拜稽首上陈于黼扆之前。庶几观听不劳而闻见甚博，善可为法，恶可为戒，知自古以来，治世至寡，乱世至多，得之甚难，失之甚易也。"司马光指出，历史变化，以便君主有所作为，其中体现的忧患意识跃然纸上。南宋史学家袁枢把编年体的《资治通鉴》创造性地改撰成纪事本末体的《通鉴纪事本末》，也寄寓了他的"爱君忧国之心，愤世疾邪之志"。故当时的诗人杨万里说："今读袁子此书，如生乎其时，亲见乎其事，使人喜，使人悲，使人鼓舞。未既，而继之以叹且泣也！"[②]这些话反映出史书所能产生的社会影响，也折射出史学家的忧患意识的感染力。

忧患意识是贯穿中国历史文化始终的终极关怀，在近代史中也得到了充分体

① 范文生.范仲淹与虞城[M].郑州：河南大学出版社，2014：233.
② 瞿林东.中国史学史纲[M].北京：北京师范大学出版社，2010：271.

现。忧患意识的近代转变是人们民族情感的自发作用,并产生了一系列反侵略的自卫本能,如三元里抗英运动、义和团运动等;进而,知识精英们把对外御辱与对内改革结合在一起,发展为对民族前途的理性思考,如"公车上书"、新文化运动等。另一方面,强调"祖宗之法不可变"的保守性观念也在"数千年未有之大变局"的刺激和民族情感的自发作用下,愈发顽固,逐渐沦为社会发展的阻力。"变与不变"之争始终存在于中国近代化的进程中,导致社会变革困难重重,往往不够彻底。尽管如此,忧患意识整体上推动了家国情怀的近代转型,这集中表现为对"中国向何处去"的思考。近代的陈天华、谭嗣同面临亡国灭种之危急形势,甘愿"横刀向天笑",血溅刑场以醒国民,他们忧国家的主权和独立,忧国民思想之陈旧,忧国家政治之腐败,励精图治,激扬文字,指点江山。谈及忧患意识不能不再提及一个清代的诗人、思想家、史论家龚自珍。他曾说:"智者爱三千年史代之书,则能以良史之忧忧天下。"他没有说以"明君之忧忧天下",或"以贤臣之忧忧天下"。我们的伟大领袖毛泽东少年时便有一种强烈的民族忧患意识和爱国恤民精神,这与湖湘文化是分不开的。在湖湘历史文化传统中,民族忧患意识是千百年来决定爱国知识分子心中深沉的社会责任感和使命感的因素之一。综上,对于史家之忧可以做以下两点概括:第一,史家之忧在于关心现实社会的前途命运;第二,史家是以社会之忧为忧,以天下之忧为忧。

面对今日中国之社会信仰缺失之现实,必须将史学忧患意识传统发扬光大,面对我们所处的时代学习历史、思考历史、讨论历史、研究历史,我们不只是眼前之忧、临时之忧、短暂之忧,而是长远的忧患。这种长远的忧患意识,回顾过去,是深刻的历史感,展望未来,当从长远利益着眼,这不仅是史学家之责任,也是我们每个有良知的社会人之责任。正如顾炎武所说:"天下兴亡,匹夫有责。"在中华民族伟大复兴的过程之中,"忧患意识"在我们给以新的诠释的情况下,将使我们民族能够不断地反省,努力地进取,如此中华民族才能得以长盛不衰。

五、实事求是,秉笔直书

实事求是中国史学的优良传统,《汉书·景十三王传》中说"修学好古,实事求是",唐颜师古说"务得真实,第求真是也",阮元说"持论必得其中,实事必求其是",钱大昕在《廿二史考异·序》中提出"实事求是,护惜古人"。直书集中反映了史学的求实精神。所谓直书,是指不受外来因素干扰,实事求是地记述历史。相反,不敢据事直书,而曲言其事的叫曲笔。古代史学家历来鄙视曲笔,把秉笔直书视为尚大义、辨是非善恶的神圣事业和职业操守,《史通》中的《直书》《曲笔》、《文史通义》中的《文理》《言公》诸篇专文讨论这一问题。在封建社会,多数统治者为了总结历史上的经验教训以图长治久安,为了限制过分腐败,在表面上还是提倡直书的,对于秉笔直书的史家往往表示道义上的尊崇和肯定。史家以直书为荣,为了直书史事,刚正不阿,甚至不惜牺牲性命,为维护中国古代史书的真实性作出了不朽的贡献。《左传·宣公二年》记载,晋灵公夷皋聚敛民财,残害臣民,举国上下为之不安。作为正卿的执政大臣赵盾,多次苦心劝谏,灵公非但不改,反而肆意残害。他先派人刺杀,未遂,又于宴会上伏甲兵袭杀,未果。赵盾被逼无奈,只好出逃。当逃到晋国边境时,听说灵公已被其族弟赵穿带兵杀死,于是返回晋都,继续执政。

董狐以"赵盾弑其君"记载此事,并宣示于朝臣,以示笔伐。赵盾辩解,说是赵穿所杀,不是他的罪。董狐申明理由说:"子为正卿,亡不越境,反不讨贼,非子而谁?"意思是他作为执政大臣,在逃亡未过国境时,原有的君臣之义就没有断绝,回到朝中,就应当组织人马讨伐乱臣,不讨伐就未尽到职责,因此"弑君"之名应由他承当,这是按写史之"书法"决定的。

当时的史官与后世大有不同,他们既典史策,又充秘书,即协助君臣执行治国的法令条文。传宣王命、记功司过是他们的具体职责,兼有治史和治政的双重任务,实际就是拥有褒贬臧否大权的文职大臣。当时记事的"书法"依礼制定,礼的核心在于维护君臣大义,赵盾不讨伐弑君乱臣,失了君臣大义,故董狐定之以弑君之罪。对此,孔子大加赞扬,称董狐为"书法不隐"的"古之良史",后世据此称之为"良狐",以表褒美之意。这是因为在礼崩乐坏的春秋时期,权臣掌握国命,有着生杀予夺的大权,以礼义为违合的书写原则,早已失去了它的威严。坚持这一原则,并非都能受到赞扬,而往往会招来杀身之祸。齐国太史就因写了权臣崔杼的"弑君"之罪,结果弟兄二人接连被杀。董狐之直笔,自然也是冒着风险的,因此孔子赞扬他,后人褒美他,正是表彰其坚持原则的刚直精神。这种精神已为后世正直史官坚持不懈地继承下来,成为我国史德传统中最为高尚的道德情操。

《左传·襄公二十五年》记载了齐太史直书的故事。崔杼杀齐庄公另立国君,齐太史写道"崔杼弑其君"。崔杼杀掉了太史,继任者是太史的弟弟,仍直书其事。崔杼连杀两人,后继者依然这样写,崔杼只得任其记载。另一个史官南史氏听说几位史官被杀,拿着竹简冒死到齐国记载史实,途中听说已被新史官写下来了才返回。这种前仆后继、仗义直书的壮举历来被传为美谈。类似的史官,史家历代都有其人。

三国吴史家韦昭主修《吴书》，孙皓要求为他的父亲孙和作"纪"，韦昭坚持认为孙和不曾登帝位，只能作传；崔浩奉命修北魏国史，他直言国恶，不为尊者讳，并将国史刻石公布，以示直笔。"韦昭仗正于吴朝，崔浩犯讳于魏国"，因遭杀害。他们的高贵品格深受后人称赞。当然，随着时代的发展，直笔的含义逐渐摆脱了以礼义违合为内容的书法局限，从司马迁开始，赋予了它"不虚美、不隐恶"的实录精神，具备了唯物史观的实质。这一传统为后代进步史学家弘扬发展，编著出许多堪称信史的著作，是我国史著中的精华。其开启之功，实源于晋太史董狐不畏强权、坚持原则的直书精神。

司马迁书法不隐的传统，所写的《史记》"不虚美，不隐恶"，文直事核，在《封神书》《平淮书》《酷吏列传》《大宛列传》中揭露了汉武帝好大喜功，穷奢极欲，横征暴敛。对于汉武帝的功绩则给予应有的肯定，被后人称作信史。《论衡案书》称赞说"太史公书汉世实事之人"。

直书实录是传统史学的一个基本要求，要直书首先必须具备辨别是非和表达观点的能力。曾巩在《南齐书》序中说"古之所谓良史者，其明必足以周万事之理，其道必足以适天下之用，其智必足以通难解之意，其文必足以发难显之情，然后其得而称也"。"明"指理论见地，"智"指处理问题的能力，"文"指驾驭文字的功底。如同刘知几谓史家须具"才、学、识"三长，而世罕兼之。著名史学家陈旭麓曾说，不为历史现象所迷惑，不为议论家捉弄，要有一双治史的眼睛。也正是因为他有一双治史的眼睛，才能透过史实的种种现象写出了关于我国近现代史的声情并茂的著作。

六、小　　结

人文精神归根结底是关注人自身，我国传统史学本质上是人学，对于"人"投入了最大的关注，所以从传统史学中能够汲取对于我们现代人发展有益的人文精神。我们现代人都关注人生，关心我们自身的生命，关注我们本真的状态。但现代人的精神状态、心灵状态出现了一系列问题。我们焦虑、彷徨、不安，"非常郁闷"，甚至有些是"郁闷狂"，这是我们的心灵与精神"无处"之所在，失去了"安身立命之所"，没了精神家园，我们现在"上不在天，下不在地，外不在人，内不在己"。也就是说我们缺乏终极的追求和关怀，我们缺乏脚踏实地的对于现实的努力和关注，我们把每个体认为是绝缘的存在，我们缺乏良性的人际关系，我们自身的本我、大我、真我正在逐步丧失。

作为一个中国人是非常幸运和幸福的,这是因为我们面对不同的人生境况和阶段时,有不同的思想给我们抚慰。在接触积极正确的思想后,我们的心灵能得到净化。台湾学者南怀瑾先生有个形象的比喻。他说,儒、释、道三家像不同的商店,儒家是粮店,道家是药店,佛家是百货店。这是因为人的存在是一个永远未完成的状态,也许此时是一马平川,春风得意,也许等会就会阴云密布,危机四伏,需要道家的"药"来医治;佛家好比一个中央商场,商品琳琅满目,应有尽有,因此我们说,道治身,佛治心,儒治世。

当今,许多有志之士在关注社会人类的自身修养问题上发现,越来越多的现代人的自信心,不是建立在对个人自身价值的认识上,而是建立在对一个异己的身外目标的占有上,这就是财富和权力。难道我们这个社会的动力和运作机制都是在鼓励人们获取权力和财富吗? 还是使人们所有本能中最强大的占有欲得到无限的膨胀? 使强者希望无限地运用自己的权力和力量,使弱者希望自己有一天也强大起来呢? 人们深感这不仅是一个充满挑战的时代,更是充满危机的时代,当前的金融危机、环境污染、生态失衡、心病加剧、价值标准失范、道德滑坡、信任危机等,都严重影响并制约着社会的和谐发展,而科学技术又是一把双刃剑,既可以把人类带入天堂,又可以把人类引入地狱,对善和恶都有可能带来无限的可能性,致使真、善、美与假、恶、丑的颠倒。

清末民初时期,我国的思想家严复指出中国国民素质有三大弱点:一是民力,二是民智,三是民德。这三个弱点难以使当时的中国现代化,这难道不是我们今天仍要关注的问题吗?

中华民族伟大复兴需要人文精神。史学有巨大的育人功能,尤其是促进爱国主义教育。爱国主义是重要的人文精神之一。梁启超认为,史学是国民的明镜,是爱国心的源泉。什么是爱国主义? 爱国主义是千百年来固定下来的对祖国的一种最深厚的感情,有着巨大的凝聚力和向心力。在国际竞争日趋激烈和国际环境严峻复杂的形势下,在国家繁荣、民族复兴的伟大进程中,我们迫切需要爱国主义的人文精神及其强大的凝聚力来增强我们中华民族的民族自信心、自豪感和自强不息的精神,从而为自己国家的强盛、民族的复兴做出努力。历史是最好的爱国主义教材,我们理应充分发挥史学教育在这方面得天独厚的优势,而不应人为地加以削弱。

现代社会呼唤人文精神。当今中国正面临社会大转型和经济全球化的潮流,中国素来重视人文教育的传统有渐遭冷落忽视的危机,然而,人文主义无疑是人类极有价值的思想遗产,学术仍然是人文思想的源头活水,而且人才终究是人文社会的基本要素。所以,在我国从改革开放走向现代化的今天,在社会主义市场经济充分发展的今天,在现代社会进人工智能时代、信息时代、竞争时代的时候,人文精神必然成为时代的呼唤。史学教育以它无可替代的时空内涵和认知维度,给人以心智的启迪、能力的训练和情操的熏陶,使人获得一种深厚的人文素养。

人的发展渴求人文精神。人的自身发展应该是全面的、健康的、和谐的,这是人的自身发展的需要。因为良好的人文素养能够提高人的个性修养和生存质量,开阔其思维视野,优化人的认知结构,增强人的气质魅力。目前,在现代化、工业化和市场经济的影响下,教育出现了重"应试"轻素质、重理轻文等实用主义的短视倾向,从而造成了我们的学生畸形发展、人文知识营养不良的状况。人的发展需要人文精神的关怀,这就要求我们应"以学生终身发展为本",培养出既具有缜密、严谨、求异创新的科学素质,又具备高尚的道德情操、正确的价值观念、积极的人生态度、良好文化气质等人文精神的人才。

对于历史传统中人文精神的认识,不仅只有学术价值的层面,还要具有实践意义的层面,这是因为:其一,人文科学发展无法脱离社会实践,社会进步也不能忽视人文因素;其二,作为中华民族的一员,提高自己的人文素质,并把这种素质落实到我们的工作当中,与人的交往之中,以及做人父、做人母如何承载着教育下一代的任务当中;其三,在社会中,尤其是当今的世界已变成一个"地球村",人与人的交往是一种跨文化的过程,我们的言谈举止、喜怒哀乐,无不打上文化的烙印。从前秦到清末,人文这个词多次出现,指向是制度文明和文化教育。西方的人文思想出自文艺复兴时期,强调人的作用,人是宇宙的主宰,并且这个思想通过教育来完成和传播。读史可以给人增添智慧,也是教育家们常说的话题。无论是治国理政者,还是一般的读书人,都可以在读史中,"上明三王之道,下辨人事之纪,别嫌疑,明是非,定犹豫,善善恶恶,贤贤贱不肖"。这样必然会提高人们对是非善恶的辨别力,从而增长智慧、增长能力。由于史学具有这样的人文精神,对于人的教化具有重要的功能,所以历代教育家都把读史作为培养人才的重要内容。总之,我们要在学习、生活、工作中,将史学中的人文精神发扬并落实到具体的行动中。

参考文献

[1] 孔子.论语[M].北京:中华书局,1963.
[2] 左丘明.左传[M].北京:中华书局,1981.

［3］范仲淹.范文正公文集［M］.北京：中华书局,1984.

［4］袁枢.通鉴纪事本末［M］.北京：中华书局,1964.

［5］陈旭麓.浮想录［M］.上海：上海人民出版社,1990.

［6］李大钊.史学要论［M］.北京：商务印书馆,2010.

［7］蒋廷黻.中国近代史［M］.北京：中华书局,2017.

［8］王振红.中国古典史学的求真精神研究［M］.合肥：黄山书社,2012.

第五章　体育文化的人文精神

——以中华射艺为例

中国体育文化发端于先秦时期，早在商周的很多史料中，就已经出现了具有明确体育形式的竞赛活动，也就是射礼。射礼出现于商代，完备于周朝，后来被孔子等思想家所看重，纳入到了教育贵族子弟的"六艺"之中，并赋予了很多的教育价值。中华体育文化的人文精神便是蕴含在射礼竞赛这一极具中国传统特色的体育文化现象中。本章从射礼竞赛中体育人文精神的萌芽、发展、走向以及人文精神源头和内核的提炼，来展现中国体育文化所独有的"以德引争"式的人文精神内涵。

一、商周社会理想构型创设的体育人文环境

——以射礼的出现为例

1. 祖先崇拜下的等级制与择士之射

战国时期的典籍《国语》中《楚语下》记载："昭王问观射父，《周书》中所谓重、黎实使天地不通者，何也？对曰：古者民神不杂。……各司其序，不相乱也。……及少皞之衰也，九黎乱德，民神杂糅，不可方物。夫人作享，家为巫史……颛顼受之，乃命南正重司天以属神，命火正黎司地以属民，使复旧常，无相侵渎，是谓绝地天通。"这段具有神话性质的"历史解释"，反映了人们对社会秩序的基本认知。最早，"民神异业"，各司其序，社会秩序良好。后来，"民神杂糅"，社会秩序被破坏。因此，"绝地天通"，即切断一般人与神的沟通，最高权威重新归于神的名下。自此之后，巫的职能不再是一般百姓所能掌控的，必须经过"祖先神"的中介，祖先成为世俗生活中真正发挥作用的祭祀对象。祖先崇拜实现了中国式社会秩序的早期建构，即以祭祀为国之大事的血缘宗法制度。

在古代典籍中，只有王家谱系中的祖先可以与高高在上的神直接交流。借由这种神圣的力量，祖先与首领、君王构成了一个神圣共同体。如史华慈（Ben jamin I. Schwartz）所说："某种类似于神和超人的东西仍然牢牢附着在尧、舜、禹之类的传说

人物身上,乃至于还牢牢附着在后代的'圣人—君王'身上。"祖先崇拜从一种氏族血缘关系中维系社会秩序的意识形态,转为三代王朝体系中维系社会秩序的政治体制。因此,中国古代的社会秩序自然表现为与祖先崇拜相一致的血缘等级制度。

通过祖先祭祀,这种以血缘等级制度为根基的中国社会秩序,将一切文化创造纳入其中。射箭的社会化进程便是典型的案例。弓箭作为狩猎、战争之外的社会性活动出现于历史舞台,正是在祭祀之中。在商朝时期,先射后祭已经成为一种固定的模式。宋镇豪、袁俊杰均在考察甲骨卜辞后指出这一点,而且在古代典籍中同样有记载,"天子将祭,必先习射于泽"。最初,"射"可能只是为了获取祭祀用的猎物。但后来在夏、商、周三代时期,"国之大事,唯祀与戎"的背景下,"射"超出了个体的射猎或者比射,进入到社会层面。《春秋谷梁传》中《桓公四年》讲:"四时之田,皆为宗庙之事也。"意思是说射猎是为了获取祭祀所用的牺牲。而且祭祀时王要亲自射杀牺牲,意在以示亲杀,表现出王对祭祀祖先神灵的虔诚与崇敬。

通过政治的介入,射箭进入到社会观念层面,开始发挥其影响社会秩序的功能。到了西周时期,从出土的青铜器柞伯簋、长甶盉等铭文看,射箭在祭祀中的地位越来越重要,而且礼仪化越来越明显。这种礼仪化是服务于社会等级的,不同的阶层进行祭祀时,所遵从的礼仪有高低之分,这是一种强大的社会教育导向。在此背景下,在祭祀时所举行的射礼中,开始出现择士之射。从长甶盉铭文来看,周王通过射礼考察邢伯的过程,其中便包含着择士的意思。除了择士之外,同时也还有考察贵族的忠诚度以及个人道德的意味。在整个的射礼中,邢伯给周王留下了很好的印象,并得到嘉勉。而且据《礼记·射义》载:"天子将祭,必先习射于泽。泽者,所以择士也。已射于泽,而后射于射宫。射中者得与于祭;不中者不得与于祭。"祭祀中的诸侯之射,射中者可以加官晋爵,不中者减少封地。"故古者天子以射选诸侯、卿、大夫、士。"射箭成为政治统治的手段,开始服务于社会等级有序的构建。进入社会政治生活之后,射箭在中国古代开始获得独特的文化意义。

2. 血缘宗法式的封侯制与观德之射

至商周时期,形成相对固定的国家结构以后,以血缘为根基,配合祖先崇拜的观念,逐渐在氏族家长式的等级制度中发展出一套融宗教与世俗伦理于一体的血缘宗法体系。正如许倬云先生所言:"商代的政治单位有两种平行的系统,一种是地区性的邑,一种是亲缘性的族。到了西周,以宗法取胜,邑变成附属品,周代选择以血缘来结合人群,这个选择形成中国很大的特色。"血缘宗法结构从国家治理和社会秩序的角度看,是一种稳定的结构。君王永远是中心点,具有绝对的统治力量,以维系社会的和谐有序。这种统治力量通过封侯的方式向外延伸,形成"中"国。西周完全是在这种政治理论的指导下,进行的社会构建。周王所分封的诸侯均以血缘关系来分派,等级也是建立在血缘的远近亲关系上。就像一个同心圆,王是中心,内圈是王族的近亲,越往外越远亲。这种血缘与政治结合的双重社会结构,形成一种超地缘结构,构成了中国传统文化的根基。

正是在封侯的过程中,射箭的文化意义开始了飞跃性的延展——成为引导诸侯将既有的社会秩序内化为德行修养的教育手段。仅从字面上看,"侯"最早是指射箭所用的靶子,射礼便是射"侯"。《白虎通德论》记载:"《礼射祝》曰,'嗟尔不宁侯,尔不朝于王所,以故天下失业,亢而射尔'。所以不射正身何? 君子重同类,不忍射之,故画兽而射之。"君王用射"不宁侯"来震慑诸侯。尽管威慑诸侯的故事有神话传说的意味,不可考证,但用射礼来考察诸侯的德性,可从出土文物中得到证实。从长甶盉铭文看,这次乡射礼是专门为邢伯而举行的,其用意是考察他的诚敬忠顺程度。在整个乡射礼的过程中,邢伯给周王留下了"黹不奸"的好印象。柞伯簋铭文也有记载,"王曰'小子、小臣,敬又叟获则取'"。要求王子和贵族子弟习射时,表现出恭敬、谨慎的态度。这种政治上的威慑以及德性的考察,实质上都是一种教育活动——使诸侯理解并遵守"王者天下"的社会等级有序。故曰:"射者,射为诸侯也。是以诸侯君臣尽志于射,以习礼乐。"因此,祭祀中的射礼至西周时期,已经开始表现为"以射观德",即君王利用射箭这种集体性的社会活动,一方面考察诸侯是否虔敬忠诚,另一方面教育诸侯要在射礼中将社会的等级有序内化为一种贵族的品德。

观德之射的出现,还可以从奖励方式的变化中得到佐证。西周射礼的奖励方式有两种:一是实物性的,如十钣红铜(柞伯簋铭文);二是象征性的,如饮罚酒(噩侯鼎铭文)。记载饮罚酒的奖惩措施是首次出现。作为一种非实用性的象征性奖罚,更加体现了西周射礼作为体育竞赛的人文特性,即非功利性向道德性的转化。西周早期及穆王时期的射礼竞技重奖优胜者,自穆王之后乃至东周礼书,再不见有奖励的做法。可以说,射箭在西周时期获得理想化构型,非功利的道德性开始成为其最高的目标。

3. 制礼作乐后的秩序建构与仪礼之射

《礼记》中《明堂位》说:"武王崩,成王幼弱,周公践天子之位以治天下;六年,朝诸侯于明堂,制礼作乐,颁度量,而天下大服;七年,致政于成王。成王以周公为有勋劳于天下,是以封周公于曲阜……命鲁公世世祀周公天以子之礼乐。"周公以鲜明的道德形象实现了"制礼作乐"。作为一种文化——心理结构,"礼乐"成为中国传统文化的核心,实现了从神秘性、神圣性向道德性的转向。商代卜辞中巫术沟通天人的职能,被制度化的礼仪固定下来。人们不需要通过卜辞来推测上天的指令,只要按照礼仪来行事,便会得到上天的庇护。如杨宽先生的分析:"西周中央政权机构的另一个特点,就是史官居于重要地位。君王要发布命令,必须在宗庙发布。所有种种仪式都要在宗庙举行,无非表示听命于祖先,尊敬祖先,并希望得到祖先的保佑。"过去巫所起的部分治理社会的职能被史官接管,比起卜辞中神秘莫测的神意,礼仪制度虽然不是那么高高在上,但其理性化特点更容易被人们理解。

周公的制礼作乐,标志着社会观念与社会制度的重大转变,是一种人类努力希望借助于自身的理性能力来实现社会治理的愿望。尽管并不完善,但正是这一努力尝试所换取的短暂成功,让后来的诸子百家看到了自身理性能力的希望所在,并激励着他们进一步发挥自身的理性思索。史华慈极为敏锐地发现了这一点。他说:"在周代早期中国的普遍王权事实上可能取得了任何其他古代高等文明所无法匹敌的和平成就,仅埃及可能是个例外。然而,孔子的信心似乎不仅基于这一大家认同的记忆之上,还基于他把这一记忆与优良社会—政治—文化秩序的概念结合起来。"我们讲儒家的"秩序情结"就来自这种集体记忆。周公的制礼作乐是儒家秩序思想的原始模型。"礼"实质上既是整个社会规范的代名词,也是社会秩序的具体体现。在此背景下,早已在封侯之中进入政治系统的射礼开始演化出更丰富的社会文化意义。各种不同规模的射礼开始风行于当时的西周社会中,上有"王"主办的国家性大事——大射礼,下有"士大夫"举办的民间性集会——乡射礼。

西周射礼最突出的特点是其仪式化程度极高。相对于商代的射礼而言,西周的射礼完成了"贯革之射"向"礼射"的转变。《礼记·乐记》载:"散军而郊射,左射《狸首》,右射《驺虞》,而贯革之射息也。"武王克商之前确实存在着贯革之射,意思是射穿革甲的竞力之射。周武王克商之后,开始大力推行礼制,以习武竞力为目的的射箭回归军事之用。如袁俊杰博士所说:"从《行苇》到《宾之初筵》,即从周初到西周的末期,至少可以发现两点变化是非常突出的:一是周人早期的射礼,礼仪质朴,重在竞射、比试技能武功。这与商人的射礼非常相似。但是周公制礼作乐以后,射礼的仪节开始烦琐起来,明显主于礼乐,其娱乐的性质明显加重。"西周早期的射礼注重射术,即重在宣扬射技武功。西周中期的射礼开始出现礼制化,即礼仪化和制度化,如乡射礼中,其规程有 32 项之多。到了西周晚期,礼制化开始进入更大的阶层范围,开始影响早期"儒"一类的知识分子。正因此,后来留存下来的礼书中才会出现极为完备的射礼竞赛。其规模和组织的完善程度,丝毫不亚于当今的体育赛会。礼乐成为中国射箭竞赛的突出特色。在礼射竞赛中,第三番射需要配合音乐射中,才能计数。整个射礼的仪式化程度极高,从进入赛场开始,到竞赛结束颁奖饮酒等环节,都有严格的仪式要求。《礼记·射义》讲:"进退周还必中礼。""射"与"礼"的完美融合,构成中国古代射箭竞赛的突出文化特色。

二、东周社会重构与体育人文精神的首次构建
——与德有关的射

1. 礼崩乐坏的社会失范与德性之射

西周所采用的分封制度确实是一种伟大的历史创新,但依托血缘亲情来统治社会,难以抵挡时间的消磨。西周后期至春秋早期血缘宗法结构被诸侯争霸破坏,分封制度在维系社会稳定方面失去效力。周王只剩名义上的统治,诸侯割据,战乱不断。我们熟知的"春秋五霸""战国七雄",便是东周社会的写照。许倬云先生曾经分别统计过春秋和战国时期的战争频度,其结论是战争频繁。在此背景下,贵族亲情的维系力量逐渐让位于能力和才干,由出身决定的社会等级体系被打乱,进而维系社会等级有序的礼乐制度也遭到倾轧,此即孔子所谓的"礼崩乐坏"。正是"礼崩乐坏"的社会背景,强化了儒家思想对于社会和谐的渴望和对伦理秩序的偏爱。这种思想情节奠定了中国长期文化—心理结构的基本模型之一。这一局面可以用涂尔干的"社会失范"来描述,原有的社会团结纽带——亲缘性的维系力量被破坏,而新的社会维系力量没有建立起来。这也是百家争鸣的大背景。

长年战乱和礼崩乐坏的社会创伤激发了当时知识分子们救亡图存的理想情怀,以孔子为代表的思想家开始了对于礼乐文化的反思与重建。可以说,春秋战国是礼制的破坏期,却是礼乐文化的形成期。礼乐文化仍然延续了商周时期对于社会秩序的基本理解,继承了血缘宗法制偏重人伦关系的基本思想。如李泽厚先生所言:"先秦各家为寻求当时社会大变动的前景出路而授徒立说,使得从商周巫史文化中解放出来的理性,没有走向闲暇从容的抽象思辨之路(如希腊),也没有沉入厌弃人世的追求解脱之途(如印度),而是执着人间世道的实用探求。"这种实用探求不再是神幻或者迷信式的,而是出现一种理性化的趋向,即将"道德"与"命运"挂钩。孔子正是在哲学的高度上,认识到了这一点,才将"仁、义"等"德性"提升为社会规范的最高标准。所有的社会行为,都必须与"德"相匹配。因此,单纯强调"力"是野蛮的表现,而且容易引起"争"和"乱"。把"力"通过"竞"的方式导向非实用性的目标,如"荣誉"

"德礼"，则可以实现文明的进步，既符合"德性"的要求，同时也是"天命"所归。在此背景下，射箭以其静力性和自我竞争的特点，频繁出现于儒家典籍之中。

以《论语》为例，"射"共出现五次，均内含着"习礼从德"的意味，分别是：

《八佾》中，子曰："君子无所争，必也射乎！揖让而升，下而饮，其争也君子。"

《八佾》中，子曰："射不主皮，为力不同科，古之道也。"

《述而》中，"子钓而不纲，弋不射宿"。

《子罕》中，达巷党人曰："大哉孔子！博学而无所成名。"子闻之，谓门弟子曰："吾何执？执御乎？执射乎？吾执御矣。"

《宪问》中，南宫适问于孔子曰："羿善射，奡荡舟，俱不得其死然；禹稷躬稼，而有天下。"夫子不答，南宫适出。子曰："君子哉若人！尚德哉若人！"

第一段话便将射箭作为体育竞赛之争，提升到了君子之争的高度。互相作揖，向对方表示尊重之后，才开始竞赛；即便输了，也只是饮罚酒而已。这种在"礼"框架内的竞争，才是君子应有之德性。第二段话将"礼射"别于"力射"，即将射箭竞赛从实用性的狩猎、战争等单纯讲求力量的活动中独立为一种文化活动，这也是体育称为文化的意义所在。第三段话虽与礼射和体育无关，但仍关乎个人德性，即不射睡鸟，有不乘人之危之隐喻。第四段话笔者认为是自嘲式的反讽，并非说孔子觉得能靠驾车而成名，而是强调孔子不看重射御作为技术性的活动，更看重自身的德性。第五段话隐喻为君之道，其中提到的射箭仍是技术层面的。即使在射箭能力上如"羿"（神话中射十日的英雄），如无禹稷亲自耕种之德性，也是无法治理天下的。从《论语》中的记载看，技术层面和实用层面的"射"均不为孔子所看重，体育竞赛意义上的"射"被孔子用来描述君子之争，可谓将射箭的文化意义发挥至极致，这在世界文化史上也是极具特色的。

"射"与"德"的关系，在儒家其他文献中同样有明确的记载。《礼记》中专门有《射义》篇，其载："故射者，进退周还必中礼，内志正，外体直，然后持弓矢审固；持弓矢审固而后可以言中，此可以观德行矣。"《大戴礼记》也有："与之大射，以考其习礼乐而观其德行。"通过外在的"礼"和内在的"德"，将"争"与"乱"加以约束，实现构建和谐社会的终极目标。这是先秦儒家在"秩序情结"推动下所做出的主动求索。也正是出于社会秩序构建的需要，射箭这一静力性的体育活动，登上了诸子的舞台。《孟子》也说："仁者如射，射者正己而后发。发而不中，不怨胜己者，反求诸己而已矣。"《礼记》中几乎有完全一样的文字。这种"反求诸己"式的体育竞赛思想，把体育的精神内涵展现得淋漓尽致，战胜自我、超越自我才是最高的境界。中国射箭的历史演进始终与社会秩序相契合,当社会失范的时候,射箭彻底被儒家征用,服务于"君子之德"的修炼,从而成为戴国斌先生所谓的"文化之射"。笔者用"以德引争"的概念来表达这种中国独有的体育文化特色。

2. 等级有序的理论重构与尊卑之射

本段落之前的社会秩序演变都是实际发生的历史事件,这里所谓的"理论重构"仅仅是在文本中出现的一种理想化的理论构思,并未真正在历史中实现。就像柏拉图的《理想国》,哲人王也仅仅是理论构建,并未在历史中出现。但是,这些理论构建形成一种政治理想,鼓舞着人类向文明迈进。于中国而言,儒家所确立的人伦关系仍是中国人处理人与人之间关系的基本范式之一。从社会秩序的角度讲,笔者称为"等级有序""上下有序"或者"尊卑有序"。

这种"等级有序"的路径选择建立在前文所述的"秩序情结"基础之上。秩序是任何一个社会首先要面对的哲学问题,即如何才能和谐地生活在一起。任何一种文明在面临这个问题时,都要做出选择。古希腊在面对社会秩序问题时,借助于其特有的"神话情结"而选择了分权与平等所创造的"有序"。在此秩序背景下,其体育竞赛以"自由竞争"为特点。而儒家所选择的"等级有序",则不允许在不同的等级(或社会角色)之间平等、自由地竞争。但是,儒家的理论构建中并未扼杀"争"的存在,只要在"礼"的框架内,将这种外在的"礼"内化为一种德性——"仁",体育中的竞争便可用来培育"君子",参与理想社会的构建。孔子便是按照"礼"的模式来构想社会本身,如赫伯特·芬格莱特(Herbert Fingarette)所言:"一般的社会礼仪,包括父子关系、兄弟关系、君臣关系、朋友关系和夫妻关系。这些人们以及他们之间的关系,根据他们在礼仪活动中所处的地位,都被视为具有终极的神圣性。至少就其受到人类习俗和道德义务的调节而言,社会在孔子的构想中成为一个宏大壮阔的礼仪活动。"只要是从"礼"的行为,都符合德性要求,即社会秩序的要求;能够将外在的"礼"内化为"仁"的人,都是君子。因此,这种背景下的体育竞赛,战胜对手不再重要,最重要的是修炼自我,即如何扮演(或修炼)好自己在等级有序社会中的角色。"为人父者,以为父鹄;为人子者,以为子鹄;为人君者,以为君鹄;为人臣者,以为臣鹄。故射者各射己之鹄。"这便是射礼竞赛的最高意义。

为了配合这种修炼自我的射礼竞赛,儒家在其著作中对射礼的意义进行了理论再造。《礼记·射义》讲:"天子以《驺虞》为节,诸侯以《狸首》为节,卿大夫以《采苹》为节,士以《采蘩》为节。《驺虞》者,乐官备也;《狸首》者,乐会时也;《采苹》者,乐循法也;《采蘩》者,乐不失职也。是故天子以备官为节,诸侯以时会天子为节,卿大夫以循法为节,士以不失职为节。故明乎其节之志,以不失其事,则功成而德行立,德行立则无暴乱之祸矣。功成则国安。故曰,射者,所以观盛德也。"不仅不同社会角色各自的目标和任务不同,在具体的竞赛方法乃至器材上,也时时体现出不同,用于实现"等级有序"的培养。《周礼》记载:"天子之弓合九而成规,诸侯合七而成规,大夫合五而成规,士合三而成规。"这种尊卑有别,进一步体现了"等级有序"的理论设计。这一设计的根本目的,如《白虎通德论》中所言:"天子射百二十步,诸侯九十步,大夫七十步,士五十步。明尊者所服远也,卑者所服近也。"另有一段自问自答,可以解释"尊卑之射"的理论要义。"天子所以射熊何?示服猛,巧佞也。熊为兽猛巧者,非但当服猛也。示当服天下巧佞之臣也。诸侯射麋者,示达远迷惑人也。麋之言迷也。大夫射虎豹何?示服猛也。士射鹿、豕者?示除害也。各取德所能服也。"不同的人有不同的目标,不同的社会角色也有不同的社会要求。不同的社会等级在中国先贤的眼中,并不意味着对于资源的占用和权力的滥用,而是一种更高等级的道德要求。射箭竞赛中不同的目标,就意味着参射者为自己树立不同的道德要求。这种尊卑不是出身的分别,而是德性的高下。

"尊卑之射"故可以服务于"等级有序"式理想社会的构建,但其弊端也是显而易见的。如果"王侯将相宁有种乎"的发问兴起,则这种不平等所产生的社会问题必将摧毁所有的理论构建。尤其是作为体育竞赛的规则而言,不公平是其衰亡的致命缺陷。如《仪礼·大射》记载:超过射布射中系绳,射中他物弹起后触到射布,箭到射布没射进反弹回来,国君就可以放筹码,众人就不算数。国君只要射中,射中三张射布的哪一张都算数。这些在理论设计时所忽略的漏洞,随着社会秩序的变化,最终推动着射礼竞赛的转型。

三、秦汉集权结构促使体育人文精神的转向
——投壶礼的出现

1. 中央集权下的焚书坑儒与礼射之不存

社会秩序作为一种隐形的强大力量,不仅推动了射礼的兴盛,同时也左右着它的没落。秦统一六国前,社会秩序是社会失范也好,等级有序也罢,至少都存在着流动性,社会是活跃的,或者说有活力的,人们之间是允许竞争的(至少在同一等级内是平等竞争的)。但从春秋后期至秦统一六国,整个社会的政治制度又发生了重要变化,血缘宗法的贵族结构让位于专门的行政官僚结构,郡县制逐步取代封建制。

这种制度的变化,标志着中央集权制度开始登上历史舞台,经过短暂的楚汉争霸之后,至汉朝成为一种稳定的统治方式。中央集权制度随着大秦的铁骑彻底踏平了诸侯之争。王权获得了前所未有的高位,从此天下为一人、一姓所有。这种模式也成为中国千年历史的主流。

中央集权较之诸侯战乱,从社会秩序的角度讲,是更稳定的。但其弊端也是非常明显的,即没有活力。秦灭六国后,社会动荡的局面结束,但和谐的社会秩序并未出现,而是变为一种专制的集权秩序,甚至出现了焚书坑儒的极端事件。诸子百家的理性努力被否定,对于理想社会的探索也被扼杀。焚书坑儒是在人们思想层面发起的屠戮,意在让人们从思想上接受既有的社会秩序。此时社会处于万马齐喑的"有序"状态。表面上看,"乱"已经消失,"争"也被扼杀。理论上看,这种社会秩序与先秦儒家所重构的社会有序是完全不同的。孔子首先是认可"争"之存在的,而且有"其争也君子"之说,只不过孔子更强调以"德"来引导"争"。但"焚书坑儒"的信号是,没什么好争的,王权一统天下就是最好的。于是,百姓(包括知识分子)只能"服从"现有的社会秩序,而把关注点和精力转入到日常生活的娱乐层面。集权的社会秩序不允许任何的质疑和争论,因而即使是"君子之争"也变得没有必要。君子最大的"德性"不再是以天下为己任,只要"修身养性"就好。因而贵族之间的射礼竞赛如同古希腊人的竞技会在古罗马,被视为社会异端,在统治者的眼中已无生存之地。伴随着"轴心时代"的结束,竞赛在中国和古希腊同时离开了历史的视野。在儒家理论构建中起重要作用的"射以修德",被排除于当时社会秩序的构建,离开这一社会价值的支持,射礼逐步沉沦,最终转向于娱乐性质的投壶礼。

2. 民间娱乐的六博百戏与射礼之细也

投壶发生于春秋末期,其来源是射礼。先秦两汉的原典著作中都提到了投壶。《礼记》和《大戴礼记》中分别专设有《投壶》篇。《礼记》中记载:"顺投为入。比投不释,胜饮不胜者,正爵既行,请为胜者立马,一马从二马,三马既立,请庆多马。"其规格较之射礼远远不如,而且大多数是伴随着饮酒和娱乐进行,胜负的意义不大,游戏娱乐的性质较为突出。《史记》的记载中,将其与"六博"放在一起。《东观汉记》和《后汉书》中都有"对酒设乐,必雅歌投壶"的记载。可见,投壶虽然也是一种竞技的形式,但是饭后娱乐的意义更浓。

从其细节来看,投壶礼完全是射礼的变形。其开展的方式与乡射礼类似,只是其规模大为降低,而饮酒、飨食环节比重更大。另外,所使用的器材也有所不同。"射"的方式改为更为轻松的"投",对象也从远距离的"侯"改为近距离的"壶"。这些小小的改变,其意义却是重大的,从体育竞赛的角度讲,射礼更像是当今的体育赛事。而且射礼更能够反映当时人们在身体和精神层面的修炼。投壶则更像是一种游戏,好比为提助酒兴而进行的划拳行令一样,不需要技术,也不需要修为,仅仅是娱乐而已。

射箭相对而言,还是需要较高的体能作为保障的,即"力"尽管不再成为竞争的对象,但仍然是"射"的基础。而投壶是几乎不需要任何"力"的存在的,投壶最初兴起的原因也正是为了那些不会射箭,或者因病不能射箭的人而设计的。"病于不能为射也,举席间之器,以寄射节焉,此投壶所由兴也。"投壶的兴盛可以说是将"力"排除于"礼"的进一步发展。郑玄在注疏《礼记》的时候也指出:"投壶,射之细也。"射礼向投壶礼的转向,一方面表明了当时的社会不允许"力"的存在,射礼的消亡是必然的;另一方面,随意性更强的娱乐取代了体育竞赛成为中国文化中身体活动的特征。自先秦之后,百戏兴,体育竞赛亡,射礼这样的体育竞赛退出了历史的舞台,蹴鞠、投壶等娱乐活动存在于民间娱乐之中。

四、中国古代体育竞赛中人文精神之源
——由射礼竞赛而生

1. 参赛者——从贵族到精英

射礼竞赛中最早出现的参赛者是柞伯、小子、小臣,在西周早期的柞伯簋铭文中有记载。周王举行大射礼,柞伯 10 次举弓,10 次射中,获得了周王 10 钣红铜的奖赏。据袁俊杰博士的考证,柞伯簋是西周早期康王时代的产物,其中的柞伯应该是有史料记载的较早参赛者。早期参赛者的历史意义在于他们的身份,柞伯是当时较大的贵族,其他参与者小子、小臣都是贵族及其子弟。其他西周青铜器所载与射礼竞赛参赛者相关的史料均为贵族,如令鼎铭文中的职官和小子,噩侯鼎铭文中的驭方和周王,长由盉铭文中的邢伯和大祝,静簋铭文中的王、职官等。从众多史料中可以确知,早期的参赛者都是贵族身份。后来到了礼乐文化盛行的时代,大射礼、宾射礼、燕射礼和乡射礼等赛会成为定期举行的大型社会活动,就像今天的全运会一样。参赛者的身份也从最高的统治阶层扩展到社会的中坚力量,尤其是以乡射礼为代表,参赛者扩展到整个"士阶层"。

从参赛者的角度看,射礼竞赛是一个自上而下的过程,最早的参与者是王和贵族。随着射礼竞赛社会教育价值的凸显,更多的社会精英加入射礼赛会中。尤其是

春秋战国时期,整个社会思想活跃,社会统治力量越来越多地依靠于政治精英而非血统贵族。这些思想家的政治理想需要上通下达,射礼是一种非常合适的社会性活动,既能教育贵族子弟,又能影响社会中坚力量——"士阶层"。因此,射礼赛会自然与实现培育君子的政治理想相融合,参赛者需要具备"其争也君子"的道德品质。当时的社会精英如孔子,便亲身参与过射事。《礼记》中《射义》篇载"孔子射于矍相之圃,盖观者如堵墙"。

体育竞赛在早期只能在社会余暇相对充裕的贵族内部展开。这种贵族内部开展的特性为射礼竞赛成为礼仪道德教育的社会性活动创设了条件。当"出身贵族"让位于"知识贵族"时,射礼从祭祀中的仪式转化为通过赛会的形式来教化社会精英、培育君子的社会活动。这也是射礼竞赛能够在当时的社会背景下兴盛的重要原因。

2. 裁判员——理论与实践的有效融合

体育竞赛中的裁判员相对专业,而且更具有不同于其他社会活动和娱乐活动的特点。先秦射礼竞赛明确设有裁判员这一角色,这也是认定其体育竞赛性质的原因之一。最早的史料是西周中期穆王时代的静簋铭文,"王命静司射学宫"。"静"的身份是小臣。"司",是掌管的意思。"司射"便是"静"的职务,即掌管射礼事务。司射的身份在西周早期很难界定,既有主持的意思,又有裁判的意思,还有教官的意思。在后来的礼书中,司射主要是裁判的角色,而且在整个赛会中起着非常重要的作用。以《仪礼》中《乡射礼》篇为例,"司射"共出现 63 次,是整篇中出现最多的角色。另一位重要角色,主持性质的"司马"仅出现 39 次。《大射》篇中"司射"出现 44 次,同样是最多的。"司射"作为裁判员不仅要在竞赛中多次亮相,而且要熟谙礼法。"司射"这个角色一般由"射人"充任,"射人"在《周礼》中的解释为:"掌国之三公、孤、卿、大夫之位……以射法治射仪。""射法"即射箭的技术性操作,"射仪"即射箭的精神性内涵。这说明中国古代最早的裁判员要能文能武。

在乡射礼中,司射确实需要亲自进行诱射,即示范给所有的参赛者怎样进行的射箭才是符合礼仪的。这对裁判员的专业素养要求是极高的,也从一个侧面反映了当时射礼竞赛的发达程度。总体而言,先秦时期体育竞赛的裁判员已经发展到了专业化的阶段,不仅要公平执法,而且要精通所执法项目,与今天的裁判员别无二致。不同之处在于,当时的裁判更需要领会规则背后的理论基础,即"以射法治射仪"。

3. 竞赛场所——学校之源,育人之地

有专门的竞赛场所才能保证竞赛的有效开展,并形成一定的规模延续下来。射礼竞赛最早关于竞赛场所的记载出现于商代的甲骨文中,如麗-泞-滩。商代的射礼轮流在这三个地方进行,最后回到麗。这三个场所都是在近水泽的地方。后来的射礼场所也是建于近水泽处。文献《礼记正义》载:"天子将祭,必先习射于泽。……已射于泽而后射于射宫。"宋镇豪先生认为:"文献言习射于泽,与甲骨金文在泞、滩等几个水泽处的习射礼颇相似。……泽宫和射宫可能是泽畔所建与习射相关的建筑设施。"从史料的确凿记载看,最早的射箭竞赛场所在商代的甲骨文中已经出现。从文献记载的前后推理来看,商代的射箭场所与后来的射礼场所有一定的延续性联系。

不仅射礼竞赛的场所存在一定的延续性联系,射箭场所与学校同样渊源深厚。《孟子·滕文公上》对于这种延续性有明确记载:"设为庠序学校以教之:庠者,养也;校者,教也;序者,射也。夏曰校,殷曰序,周曰庠,学则三代共之,皆所以明人伦也。"三代时期的学校有着明显的延续性,虽然叫法不同,但功能一致。不仅如此,商代的"序"作为学校,主要是开展射的地方,所谓"序者,射也"。通过这种文献之间的前后联系,可以推断,射箭竞赛的场所与学校同源,而且"射"也确实是"六艺"之一。既然学校在三代有明确的延续性,那么射箭场所同样有历史延续性。因此,笔者认为周代射礼竞赛场地是从商代发展而来,而且自产生之日起便与教育密不可分。

体育竞赛开展的场所与学校合二为一并非偶然,亦不足为奇。古希腊的竞技场同样也是古希腊哲人教育民众的最佳场所。根源在于体育竞赛的社会性,在我们界定体育竞赛的概念时,已经指出这一特性。有组织的社会活动将大众在同一时间内聚集到同一场所,而且不管是参赛还是观赛,体育竞赛都是一种集体性的活动,人们会更专注地投入。这也是对人施加教育影响的最佳机会,因而中西方才会不约而同地选择体育竞赛场所作为教育之地。射礼竞赛场地与学校的同源助推了射礼竞赛的兴盛,也使其占据了更多的历史篇幅。

4. 竞赛规则——社会观念的投射

射礼竞赛最早的规则可追溯到商代末期甲骨文中的"亡废矢",即全部射中而没有未射中的箭。根据袁俊杰博士的考证,在《殷墟花园庄东地甲骨》的卜辞中有一个词"不竈",意思说的是"无废矢"。另外,商代末期的青铜器——作册般铜竈,刻有"王射,奴射四,率亡废矢"的铭文,"亡废矢"的意思是没有浪费一箭。在西周青铜器柞伯簋铭文同样有"无法(废)矢"的记载,意思是箭无虚发。宋镇豪先生认为,"此器用语'无废矢',与晚商铜竈铭文相一致,也是射礼场合班赞品论竞射优胜的评语"。由此可见,两处青铜器与甲骨卜辞中的记载有着内容上的一贯性。这表明在商代已经出现了专门用于表示竞赛的规则,即无废矢。

在《殷墟花园庄东地甲骨》出土的卜辞中,还有一个关键词可以向我们展示当时竞赛规则的专用语,即"获"字,意思是射中。"获"在商代卜辞中多次出现,成为一种表达射中的专有名词。到了后来的射礼赛会中,如《仪礼》中所载,"获"字也确实用来报告比赛的结果给所有在场的人听,而且专门设有"唱获者"这一角色。至西周时期,射礼竞赛发展出了一套更为完备的规则系统。具体表现在"三番射"中,即第一番射只报告结果,但不计数;第二番射开始计算射中个数,规则为"不贯不释",意思是射中但没有贯穿箭靶的也不计数;最为精妙的环节在第三番射,要求匹合音乐进行射箭,既考虑射中,又增加了是否与音乐合拍的规则。整个"三番射"是一种通过规则设计,实现参赛者精神升华的过程。先秦文化的精髓在于"礼乐",孔子说:"立于礼,成于乐。"《礼记》中有"凡三王教世子必以礼乐。乐,所以修内也;礼,所以修外也"。之所以第三番射要配合"乐",原因在于对人内在品德的培育。

先秦时期是中国文化理性启蒙的活跃期,因而人在合礼仪方面的道德修养是一个亟须解决的社会议题。在这种社会观念背景下,射礼竞赛中的规则设计自然也就投射出了当时整体的社会制度设计理念。

5. 竞赛结果——通过公开保证公正

分出胜负是体育竞赛不同于一般社会活动的另一特点。给出一个明确的竞赛结果,能够进一步激发人们参与这项活动的兴趣。射礼竞赛不仅即时给出竞赛结果,而且更加突出公开性原则。商代射礼竞赛虽然有了"获"这样专门表达射中的语词出现,但并没有判断胜负的概念出现。𢿐侯鼎铭文中,驭方和周王射箭,二人都未射中,依礼均饮罚酒。比射之后往往都会有奖励一同出现,这就更加意味着比赛的结果必须马上给出,否则无法奖励。从史物的记载看,西周早期射礼竞赛的结果是以能否射中目标以及射中的箭数多少来判定胜负。

后来东周礼书中的竞赛结果开始出现标准化。据《仪礼》中的《乡射礼》记载,主宾分成两队,每队三人,匹配成三耦,每人轮流射四支箭,最后计算射中个数。对于竞赛结果的计算也有一套标准化的系统。专门设有"唱获者"高声报出是否射中目标,另外还专门有"释获人",每射中一矢,放一枝算筹在地以计数。最后"释获人"在主裁判的监督下计算总数并宣布最终结果。整个竞赛结果的产生具有极高的透明度,符合公开性的原则。只有结果的公开,才能保证竞赛的公平。就当时的历史条件而言,这种竞赛结果的公开性已经被发挥到了极致,不仅有专门的人、专门的工具来展示结果,而且要让在场所有的人都能够听到,同时还有裁判的监督。就射礼竞赛结果的历史意义而言,其通过竞赛结果的公开保证了竞赛本身的公正,从而使得这种体育竞赛能够在当时推行。

五、中华传统体育人文精神之核

——创以德引争之魂

1."三礼"中射礼竞赛的教育意义

"三礼"是指《周礼》《礼记》和《仪礼》三本记载古代社会政事的经典文献。当时的政治制度设计主要围绕"礼"来展开,所以这三本文献的社会学价值极高。"三礼"中"射"字出现503次,其中属于射箭意思的有493次。专门记载西周礼仪的《周礼》一书,将"射"纳入"六艺"。从"三礼"中可以看出射礼在当时的社会地位。更为重要的是,在这些文献记载中,我们可以确证射礼曾经作为一种典型的竞赛形式出现。《仪礼》中有《大射》篇,"大射"是规格最高的射礼竞赛,一般由君王亲自主持,很多时候王亲自参射。"大射"最初的主要目的是选拔诸侯,《礼记·射义》说:"是故古者天子以射选诸侯、卿、大夫、士。射者,男子之事也,因而饰之以礼乐也。故事之尽礼乐,而可数为,以立德行者,莫若射,故圣王务焉。"在比射选拔的过程中,更容易看出一个人技术以及技术之上的综合能力,因而才受到"圣王"的重视。从选贤的比射中,也可以更加清楚地确认射礼的竞赛性质。

最初射礼竞赛的目标是选拔人才,后来教育的价值越来越被看重,并推行到整个社会中。尤其是到了春秋战国时代,大射礼的规格降低,乡射礼兴盛起来。《仪礼》中同样专门有《乡射礼》篇。射礼竞赛也从上层社会逐步推广到整个社会中,用于教化民众。《周礼》中有"春秋以礼会民而射于州序"的记载,到了乡射礼时,射礼作为一种竞赛形式已经普及到了整个社会中,如乡、州等社会的基本构成单位,参与者也主要是大夫、士等阶层。

射礼赛会能够发展到如此高的组织程度,与其较高的教育价值有紧密的联系。当时的射礼竞赛兼具社会教育意义和个人教育意义。《礼记》专门有《射义》篇,其中记载:"古者诸侯之射也,必先行燕礼;卿、大夫、士之射也,必先行乡饮酒之礼。故燕礼者,所以明君臣之义也;乡饮酒之礼者,所以明长幼之序也。"中国文化传统中强调的等级有序渗透于射礼赛会之中。不同等级身份的人,采取不同的器具、不同的距离行射,奏不同的音乐,以明尊卑有别之理;在同一个等级内,大家是公平竞争的,但是仍然要相互之间行礼以表示尊重。整个赛会本身是一场很好的教育展示会。对于个人而言,射礼竞赛可以培育人的君子之德。同样是在《射义》篇载:"故射者,进退周还必中礼,内志正,外体直,然后持弓矢审固;持弓矢审固,然后可以言中,此可以观德行矣。"射箭这种静力性的体育竞赛,不同于跑步等动力性的体育竞赛,更需要人内在的专注,而不是外在的力量释放。因而,它更容易通过内在的专注实现一种精神的修炼,当人能够表现出一种"内志正,外体直"的状态时,不仅容易射中,同时也是一种德行的表达。

2. 射礼竞赛仪程中的文化特色

《仪礼》中专门有《乡射礼》篇,分为主宾两队进行比赛,共有三轮竞赛,即"三番射",每轮每人射 4 支箭。整个竞赛的组织化程度非常高,完全可以用现代意义的"赛会"来称谓。整个射礼赛会的规程有 32 项之多,我们将其归纳为 9 个阶段,射礼竞赛的礼仪特色尽显其中。

第一阶段:邀请和准备工作。① 邀请。"主人戒宾,宾出迎。主人答再拜,乃请。"② 布置场地。宾接受邀请后,"乃席宾",然后布置洗、侯、乏等。乡射礼由主办方邀请宾参加,类似于今天的邀请赛。

第二阶段:开幕式。① 宾入场。"主人朝服,乃速宾。宾及门,主人一相出迎于门外。"主宾三揖三让之后入场。② 行燕礼。此一程序主要是揖让敬酒、作乐等礼仪。③ 运动员就位、主裁判(司射)入场。"三耦(三对射手)俟于堂西。司射升自西阶,曰:'弓矢既具,有司请射。'"开幕当天,主人需再次去请宾,相互行礼,入场同样需要多次行礼,处处体现着先秦时期文明礼仪之发达。

第三阶段:赛前准备。① 器具准备。"司射命弟子纳射器。"② 主持人(司正)入场。"司正为司马,司马命张侯。"司马由主办方选人,兼副裁判之职。③ 运动员就位。④ 主裁判诱射。"司射东面立于三耦之北,揖进;当阶,北面揖;及阶,揖;升堂,揖。当左物,北面揖;及物,揖。诱射。""物"是指十字标示的射位。这一阶段裁判员的诱射环节极具特色。司射在诱射过程中作揖 6 次,可见礼数之细。

第四阶段:预赛。① 第一轮射者就位。"上耦揖进,上射在左,并行。上射先升三等,下射从之,中等。上射升堂;下射升,上射揖,并行。"② 主裁判宣布注意事项。"司射命曰:'无射获,无猎获!'"意思是不要射伤获者,不要惊扰获者。③ 比赛开始。"上射既发;而后下射射。"④ 助理裁判报告结果。"获者坐而获,获而未释获。"此番射中只高声报获,而不计数。⑤ 第二、第三轮射者依次比射。对阵运动员入场时,极为注重礼节,即孔子讲的"揖让而升"。另外,在射仪上也有很高的要求,《周礼》记载:"乡射之礼五物询众庶,一曰和,二曰容,三曰主皮,四曰和容,五曰兴舞。"⑧《论语注疏》中进一步解释为："射有五善焉：一曰和志，体和。二曰和容，有容仪。三曰主皮，能中质。四曰和颂，合《雅》《颂》。五曰兴武，与舞同。"由此可见，射礼竞赛完全体现出礼仪化的特点。

第五阶段：正赛准备工作。① 裁判准备。"司马命弟子设楅（古代插箭的器具）。"② 射者入场。③ 主裁判宣布规则。"司射升，请释获（计算射中个数）于宾；宾许。北面命释获者设中（放筹码的容器），曰：'不贯不释！'"这一轮的规则是不射穿箭靶不计算个数。由此可见，射箭竞赛在当时对于身体力量还是有一定要求的，虽不像"贯革之射"那么推崇竞力，但其体育竞赛的性质还是非常明显的，这与后来的投壶礼在性质上有所不同。

第六阶段：正赛。① 正赛开始。② 裁判计算结果。"司射北面视筭。释获者东面于中西坐，先数右获。"③ 宣布比赛结果。"释获者遂进取贤获，告于宾。"若右胜，则曰："右贤于左。"若左右均，则曰："左右均。"④ 饮罚酒。司射命三耦及众宾："胜者一方皆袒左臂，手持上弦之弓。不胜一方穿好衣服，右手把解弦之弓。"胜者先上堂，然后不胜者上堂，站着干杯。⑤ 答谢助理裁判。"司马洗爵，献获者于侯。司射献释获者于其位。"正赛中出现了饮罚酒的阶段，这种对于竞赛结果的奖惩办法极具特色。负者仅仅是象征性的饮酒惩罚，而胜者的奖励纯粹是一种荣耀，这将体育竞赛的目标定位到一种精神追求。

第七阶段：配合音乐的比射。① 第三番射。"司射请以乐乐于宾，宾许。"② 宣布规则。"司射北面命曰：'不鼓不释！'"意思是射箭凡不与鼓节相应者则不释筭。③ 比射。"司射退反位。乐正东面命大师奏《驺虞》。"④ 计算结果。"释获者执余获，升告左右卒射，如初。"⑤ 宣布结果。"司射释弓视算，如初；释获者以贤获与钧告，如初。"⑥ 饮罚酒。"司射命设丰，如初；遂命胜者执张弓，不胜者执弛弓，升饮如初。"本轮竞赛，是对射者最高的要求，也是体现礼乐文化的独有规程。

第八阶段：竞赛结束。① 收拾比赛用具。"司射命拾取矢，如初。"② 收拾场地器材。"司马命弟子说侯之左下纲而释之，命获者以旌退，命弟子退楅。司射命释获者退中与算。"

第九阶段：宴饮。① 酬酒。"宾北面坐，阼阶上北面酬主人。主人以觯适西阶上酬大夫。若无大夫，则长受酬，亦如之。"② 互敬酒。"众受酬者拜、兴、饮，皆如宾酬主人之礼。"

整个赛会有始有终，过程仪节极为复杂，竞赛性质明确。专门设有主持人员、裁判团、工勤人员等，规则极为细致，设有专用器具计数。不仅有公开的结果宣布，而且对参射者还有仪容方面的要求,乃至精神道德层面的规范。可以说,整个竞赛的组织程度较高。通过竞赛程序的完备,我们看到了中国古代最早的体育竞赛的盛况,丝毫不亚于古希腊的奥林匹克竞技会。

3. 儒家哲学观念与"射"的"以德引争"

有关"射"的记载,在中国先秦时期非常之多。在我们所考察的 20 本儒家著作中,共出现 448 次。在诸多记载中,通过两个直接与孔子有关的事件,探究孔子本人看待"射"的不同视角;另外,通过孔子的两段文本,力争诠释出儒家对于射礼竞赛的哲学认知。

事件一。《论语·子罕》中,达巷党人曰:"大哉孔子! 博学而无所成名。"子闻之,谓门弟子曰:"吾何执? 执御乎? 执射乎? 吾执御矣。"当有人说孔子博学但没有专长时,孔子说,自己应该射箭还是驾驭马车呢,还是马车吧。笔者认为,孔子这是一种自嘲式的说法,并非说他善于驾车,并能够靠驾车来成名。背后的意思是他并非以技术性专长来要求自己。另有记载孔子曰:"若夫不肖之人,则彼将安能以中?"意思是:"如果是无德无才的人,那他怎能射中?"可见,在射和御这类活动中,道德层面的要求比技术层面的要求更高。

事件二。《礼记》中也记载了一段孔子与射的故事。"孔子射于矍相之圃,盖观者如墙堵。射至于司马,使子路执弓矢,出延射曰:'贲军之将,亡国之大夫,与为人后者不入,其余皆入。'盖去者半,入者半。又使公罔之裘、序点,扬觯而语,公罔之裘扬觯而语曰:'幼壮孝弟,耆耋好礼,不从流俗,修身以俟死,者不? 在此位也。'盖去者半,处者半。序点又扬觯而语曰:'好学不倦,好礼不变,旄期称道不乱,者不? 在此位也。'盖仅有存者。"从这段故事可以看出,孔子之时,礼崩乐坏,从礼尚德者,"仅有存者"。但从另一个侧面也可以看出,孔子对于射事本身有着较高的礼仪道德期待,已经延伸到了一个人在社会中存在的方方面面。

文本一。《论语·八佾》中有一段记载影响颇深。"子曰:'射不主皮,为力不同科,古之道也。'""主皮"的意思是射穿甲革,强调的是力量。这一段出现了对于体育竞赛来说极为重要的概念——"力"。射箭作为一项身体活动,是力量与技术的结合,尤其在历史早期更强调力量,如"主皮之射""贯革之射"等。后来,出于道德和礼的需要,射箭被发展出了另一种"力",即区别于主皮射之力的"礼射"之力。虽然仍然需要有力量,但重点已经不在身体力量上,而是道德之力。儒家哲学对于射礼竞赛进行了思想上的再造,将体育竞赛提升到了精神层面,甚至完全压过了身体层面。

文本二。儒家文本中与射礼有关、最有代表性的当属《论语》中的《八佾》篇。"子曰：君子无所争，必也射乎！揖让而升，下而饮，其争也君子。"后世文献对此段颇多引用，这里两次出现"争"的概念。这个概念源自人类对于资源（土地、食物、异性等）占有的本能，后来发展为对人性中一种"比"的心理情结，以及这种心理情结所产生的社会后果的深刻认知和综合概括。此段文本表达了对于"争"的综合认识，"其争也君子"，将"争"导向君子之"德"的理想状态。宋代朱熹注疏此段说："言君子恭逊不与人争，唯于射而后有争。然其争也，雍容揖逊乃如此，则其争也君子，而非若小人之争矣。"君子之争已经是中国文化直到今天被广泛认可的概念，笔者认为其用于表达中国体育竞赛的内在精神极为适用。体育竞赛的竞争不仅注重结果，更重要的是过程的价值。对于"君子"品性的修炼可以与不断超越、取得冠军的价值并行不悖，在尊重对手、公平竞争的情况下取得的冠军才是最高的荣耀。笔者将"君子之争"提炼为"以德引争"来表达中国古代体育竞赛的文化特质。

儒家关于射礼竞赛的记载中，不仅孔子强调精神层面的道德力量，其他先贤同样如此。《孟子》有这样的记载："仁者如射，射者正己而后发。发而不中，不怨胜己者，反求诸己而已矣。"这段话是孔子说的，但收录在《孟子》中，至少说明孟子对这一观点的认同，也更能反映出这种思想在儒家思想中的经典性和广泛性。而且《礼记》中的《中庸》篇有："子曰：'射有似乎君子，失诸正鹄，反求诸其身。'"《射义》篇有："射者，仁之道也。射求正诸己，己正然后发，发而不中，则不怨胜己者，反求诸己而已矣。"这种"反求诸己"的思想实际上是对前面"君子之争"的完美诠释，君子之间的"争"和"比"，不会产生"乱"，因为"反求诸己"只能造成自我精神道德的升华。因而孟子说："由射于百步之外也，其至，尔力也；其中，非尔力也。"身体的力量只能决定能否射到目标；射中目标的"力"是"圣，譬则力也"，意思是说，内在精神力量决定能否射中目标。对于道德层面"圣"的理解能够产生一种"力"，这个"力"的概念有形而上的成分，是一种精神力量，这才是应该追寻的终极目标。在《荀子》中同样有许多这种隐喻，《劝学》《儒效》《王霸》《正论》篇中都有将射御一并用于隐喻为人为政之道。

中国古代曾经出现过跑步、角力这种力量型的体育竞赛形式，但并未进入儒家的思想体系中，相形之下，射礼竞赛却在儒家的思想论述中大量出现。通过对儒家思想文献的解读，可以发现，儒家之所以能容纳射箭这种静力性的体育竞赛项目，原因在于，射礼竞赛与当时的社会思想观念产生了有机的融合。射礼属于静力性项目，需要内在的专注，其实质是对自我的控制，因而很容易将竞赛的胜负归因于自我,不会像动力性的项目容易诱发攻击性的冲动,即儒家所最为忌讳的"乱",这也是儒家"秩序情结"产生的心理根源。儒家思想家深刻地认识到,"争"作为一种生存本能,不可能去除,只能引导,所以才创造性地从射礼竞赛中提炼出"其争也君子"。在这种思想背景下,射礼竞赛带着一种"以德引争"的文化色彩留存于历史之中。

六、小 结

中国古代少有现代意义上的体育竞赛。像古希腊跑步等以"争力""争勇"为核心的体育竞赛,在中国古代是不被提倡的,"走而不趋"才是礼仪之道。但中国古代并非没有竞争,当时的体育竞赛与社会秩序相融合,发展为"争德"。这种独特的竞赛文化始终与中国古代围绕社会秩序的终极关怀相并行,最终创造出了中华体育独有的人文精神。

中国古代社会秩序从氏族家长制而来,至商周发展为血缘宗法制,祭祀成为国之大事。祭祀中开始出现比射,并与择士、封地等挂钩而产生一种社会政治意义。射箭不仅成为选拔人才的方式,同时也成为教化贵族的重要手段。随着周公的"制礼作乐","射"被纳入"礼"之中,开始发挥培育社会精英的教育作用。这种教化的内容及其背后所反映的社会观念正是"等级有序"的和谐社会。后来随着血缘政治的失效,至春秋战国,礼崩乐坏,战乱不断,社会中的"有序竞争"不复存在。以孔子为代表的儒家试图将外在社会秩序——"礼",内化为人自觉的德性修为,用以重塑和谐社会。射箭竞赛以其静力性特点和程序化特征,与"礼"实现了完美融合,并通过礼仪化的实践,达到培育内在"德性"的效果。中国古代射箭竞赛中"以德引争"的哲学内涵,发展为"射以观德"的文化现象,成为中国体育人文精神的代表。

参考文献

[1] 陈立.白虎通疏证[M].吴则虞,点校.北京:中华书局,1994.

[2] 张德胜.儒家伦理与社会秩序——社会学诠释[M].上海:上海人民出版社,2008.

[3] 陈桐生译注.国语[M].北京:中华书局,2013.

[4] 史华慈.古代中国的思想世界[M].程钢,译.南京:江苏人民出版社,2003.

[5] 宋镇豪.从新出甲骨金文考述晚商射礼[J].中国历史文物,2006(1).

[6] 袁俊杰.两周射礼研究[D].河南大学,2010.

[7] 阮元.十三经注疏·礼记正义[M].北京:中华书局,2009.

[8] 阮元.十三经注疏·春秋左传正义[M].北京:中华书局,2009.

[9] 阮元.十三经注疏·春秋谷梁传[M].北京:中华书局,2009.

[10] 许倬云.中国古代文化的特质[M].北京：新星出版社,2006.

[11] 杨宽.古史新探[M].北京：中华书局,1965.

[12] 许倬云.中国古代社会史论[M].桂林：广西师范大学出版社,2006.

[13] 涂尔干.社会分工论[M].渠东,译.北京：生活·读书·新知三联书店,2000.

[14] 李泽厚.新版中国古代思想史论[M].天津：天津社会科学院出版社,2008.

[15] 阮元.十三经注疏·论语注疏[M].北京：中华书局,2009.

[16] 王聘珍.大戴礼记解诂[M].王文锦,点校.北京：中华书局,1983.

[17] 阮元.十三经注疏·孟子注疏[M].北京：中华书局,2009.

[18] 芬格莱特.孔子：即凡而圣[M].彭国翔,张华,译.南京：江苏人民出版社,2002.

[19] 阮元.十三经注疏·周礼注疏[M].北京：中华书局,2009.

[20] 阮元.十三经注疏·仪礼注疏[M].北京：中华书局,2009.

[21] 范晔.后汉书[M].北京：中华书局,2007.

[22] 朱熹.四书章句集注[M].北京：中华书局,2012.

第六章　城市文化的人文精神

一、什么是海派文化的关键词

谈到中国的城市,有这样一个说法:"三千年看西安,五百年看北京,一百年看上海。"

因为上海这座城市代表了现代。虽然中国的城市有数千年的历史,但是中国现代城市的出现,却是近百年的事。现代城市的形成,意味着一种转型,即知识的转型、价值的转型、审美的转型、道德的转型、理想的转型。总之,是文化的转型——从传统农业文明向现代城市文明的嬗变过程。上海自近代以来一直引领着时代的风潮,上演过无数惊心动魄的故事。

20 世纪 30 年代,从法国留学归来的北大教授曾觉之,从不同文化的并存、融合和新文化产生的角度,对上海现象进行分析,认为上海作为异质文化交织的城市,将成为人类新文明的中心之一。"上海将产生一种新的文明,吐放奇灿的花朵,不单全中国蒙其光辉,也许全世界沾其余泽,上海在不远的将来要为文明中心之一。"

今天我们看来这种新的文明,把它称为海派文化。海派文化是伴随着这座城市的形成发展起来的。海派文化是姓"海"的文化,是海纳百川、有容乃大的文化,是受西方文化影响最多的中国地域文化。从 1843 年开埠之后,西学东渐,海派崛起,云蒸霞蔚,日趋明显。海派文化萌芽期在 1843 年以前,成长时期在 1843 年到 1949 年,特别是 20 世纪三四十年代,上海"八面来风"似的国内外移民,哺育了海派文化的成长。今天我们讲海派文化,归结为以下几个关键词:① 摩登与现代——中西合璧;② 多元与创新——海纳百川。下面我们选取海派文化当中两个具有代表性的元素——服饰与文学,分别诠释这几个关键词。

二、为什么旗袍成为摩登现代的代名词

上海开埠后,欧风美雨的漂打、辛亥革命的革故鼎新、商业繁荣,新风旧俗促进

了服饰和服饰观念的变化。服饰是文化的透视镜,旗袍作为一个透视镜,向我们展示了民国时期海派文化的一个侧影。上海为中国流行服饰之发源地,海派服饰文化体现出东方文明与西方文明交融、传统社会向现代社会演进过程中观念的进步。各式各样的旗袍是 20 世纪二三十年代上海"摩登"的一个标签。从 20 世纪 20 年代至40 年代,旗袍的样式经过西方潮流的洗礼,有了大幅度的改变。

不仅在美学上,而且在服装结构、制作工艺、面料质地与纹样选择上,均已彻底摆脱旧式样,成为中国女性的象征。因此,旗袍是名副其实的海派女装,与旗袍有关的一切,也都打上了浓郁的海派底色。

旗袍,从名称上看,与旗人的女袍有割不断的关系。两者的形制确有一些共同的特征,如上下一体的长袍、盘扣、绲边等,清代满族妇女的日常便袍即是这样,无开衩,右衽前襟向右掩,衣襟右侧一扣到底,周身加边饰,可外穿坎肩,秋冬加皮、棉等。领子有圆领和立领两种,其中立领的形制与后世的旗袍更为接近。旗袍也与男子的长衫相仿。长衫是近代中国男子的日常便服,外套上马褂,可作礼服。其形制亦为立领、大襟右衽,上下一体,长至踝上两寸左右,两侧下摆开一尺左右长衩,内穿长裤。长衫是男子社会地位的象征,区别于穿短打的劳工阶层。

清末民初,汉族女装多为上袄下裙,或上袄下裤,所谓"两截穿衣"。总的趋势是越来越简洁,装饰从大镶大滚改为简单的绲边,上袄更加适身贴体,衣长至臀下或及膝,左右开衩,裙长可垂到脚背。领子大多为立领,且有越来越高的趋势,直至出现斜切过面额的元宝领。新文化运动时期,开时代新风的女学生喜欢穿素色短袄,倒大袖(喇叭袖),下着黑色裙子,裙长上提至小腿处,下着长袜、皮鞋或布鞋。这种颇具现代气息的女装被称为"文明新装",有一种简洁、素雅之美,为社会上其他阶层的妇女所仿效。

20 世纪 20 年代后,上海这一东方大都会出现了穿长袍的女子。起初只有少数时髦女性,后渐渐增多,最终满大街的女人都穿起了长袍。这种长袍,因与清代旗女的便袍有几分相似,被人称为"旗袍"。旗袍的流行,让很多人大惑不解。于是有人认为,上海女子穿的长袍,不过是形制上与满族妇女的袍服有些相似,其实她们模仿的不是旗女之袍,而是身边父兄们所穿的长衫,是把长衫给女装化了。

张爱玲写民国女装变迁的那篇《更衣记》,最初发表在 1943 年 12 月《天地》月刊第 3 期。她把旗袍诞生的时间明确地定在了 1921 年,并认为这种服装尽管有着旗袍的名称,其实却是对男装的仿效。这一时期西方世界发生了第一次世界大战,很多女性不得不走出家门,服装因此抛弃了烦琐的装饰,走向简洁,甚至出现男性化倾向。民国初期以来,上海女性受西方文化的影响,追求平等进步,那么穿上本该属于男性的长袍也不是一件奇怪的事。与平权意识增强同时的是女性意识的苏醒,旗袍在诞生后很快脱离了男装特征,一路向女性化方向发展,并传播到上海以外的其他城市。有意思的是,广东、香港、台湾等南方女性在接受了旗袍之后,并不称为旗袍,而是称为"长衫",英文为"cheongsam",显然认定其来源与男子长衫有关。此外还有一种观点,认为旗袍的起源与旗装无关,与男子长衫无关,是上海女子结合自身服装特点在形式上的创新。民国初期女子的服装是上袄下裙或上袄下裤,但在春暖还寒时节,或秋风乍起之时,可以在袄裤外套一件长马甲。长马甲通常立领、斜襟、无袖、两侧开衩,衣长在脚踝处。1940 年第 1 期的《良友画报》发表了一篇题为《旗袍的旋律》的文章,图文并茂地介绍了旗袍的流行及变迁。文中说:"中国旧式女子穿的短袄长裙,北伐前一年便起了革命。最初是以旗袍马甲的形式出现,短袄依旧,长马甲替代了原有的围裙……长马甲到十五年把短袄和马甲合并,就成为风行至今的旗袍了。当时守旧的中国女子还不敢尝试,因为老年人很不赞成这种男人装束的。"人们认为长马甲也有男人味,其演变为旗袍是在 1926 年。

在 1926 年《良友画报》第 1 期刊登的电影新作《一串珍珠》(长城画片公司出品)剧照中,几位女性同时穿着华丽的短袄长裙、长马甲和宽大的长袍。该剧角色采用了最入时的装束,讽刺当时某些都市女性对物质虚荣的过度追求。在该画刊的第 4 期,对旗袍、长马甲分别做了介绍,并说旗袍大家闺秀多服之,长马甲为上海新"时装"。因此从时间上说,旗袍的流行应该与长马甲同步,当在 1921—1925 年之间。

旗袍诞生之初,还保留了相当的传统味道,按张爱玲的说法,是有着"清教徒"的风格。但之后很快脱离了旧传统的束缚,越来越时尚,越来越现代,到 20 世纪 20 年代末,已形成中西合璧的新风貌,成为民国女性的经典服装。这一过程彰显了海派文化在服装领域海纳百川的气度,是上海这一时尚都会在近代文化史上的重要贡献。

从保存下来的老照片和旗袍实物来看,1925 年前的旗袍,一般宽大、平直、平面裁剪,以倒大袖为多,不收腰,袍长及脚踝,袖长及小臂中部至 20 年代中期,旗袍的衣长及袖长有所缩短,且上半身在胸至腰间已略呈合体之势,只是袖口和下摆仍显宽大。绲边一般只用一条丝带,也有用两条的,总体变得简洁。《良友画报》1940 年第 1 期刊登的关于旗袍的文章还以图片形式显示了旗袍造型的变迁。据称,因为北伐成功,社会风尚有了大的改变,1928 年以后,旗袍阔大的袖口逐渐变小,下摆提升,摆脱了初创时期的模样,并认为这标志着妇女的解放。这一时期旗袍从上海向各地传播,穿旗袍的女子越来越多。1929年,国民政府颁布了国民礼服法令规范,将旗袍(未用旗袍称谓)和袄裙同时列为女性礼服。至此,旗袍已成为国民女装。

20世纪30年代,旗袍进入了黄金时代。上至总统夫人,下至平民女性,均以旗袍为日常衣着。因为旗袍可富贵,可淡雅,可风情,可素朴,完全看穿旗袍的是什么样的人。比如,以宋美龄为代表的上层女性能将旗袍穿出气势,以胡蝶为代表的电影明星能将旗袍穿出风情。知识女性穿一身素雅旗袍端庄、典雅,而普通女学生穿着蓝布旗袍也不失朴素、可爱。这一时期的旗袍在摆脱了旧时代束缚后,造型变得更美,式样更丰富,开始强调女性曲线之美。尽管服装结构大多还是平面的,但裁剪更为合体,领子变高,紧紧扣住颈部,腰部收窄,彰显身材,下摆变长,垂至脚面,穿着时亭亭玉立。而且复杂精美的盘扣、四周镶嵌的花边装饰,使旗袍变得美轮美奂。张爱玲在《更衣记》中说:"时装(指旗袍)开始紧缩。喇叭管袖子收小了。1930年,袖长及肘,衣领又高了起来……这一次的高领却是圆筒式的,紧抵着下颔,肌肉尚未松弛的姑娘们也生了双下巴。"这样的旗袍把女性变成了女神,上面是高昂的头,下面是布料裹着的丰柔肉身,既传统又西化,既保守又性感,可谓海派风情的典范。

旗袍也可以搭配西式的大衣,袍衩开得较高的旗袍盛行于1933—1934年,1935年后流行低衩,以至走路困难。1937年后,下摆再一寸一寸地上提,到1939—1940年又提到了小腿处。

20世纪40年代起,为达到西方式的合身轮廓,旗袍在裁剪工艺上开始采用腰褶或胸褶,让衣服从平面变成了立体。此时的旗袍,已经与20年代初诞生的传统旗袍有了本质的区别,服装结构不同,裁剪工艺不同,从中体现出来的审美观念更发生了很大的变化。更重要的是,旗袍的穿着方式也变了。40年代的旗袍变得更简洁,装饰能免则免,最后连袖子也免了,出现了无袖旗袍。张爱玲说:"近年来最重要的变化是衣袖的废除,同时衣领矮了,袍身短了,装饰性质镶滚也免了,改用盘花纽扣来代替。不久,连纽扣也被捐弃了,改用揿钮。总之,这笔账完全是减法——所有的点缀品,无论有用没用,一概剔去。剩下的只有一件紧身背心,露出颈项、两臂和小腿。"

这是一个战火纷飞的年代,无数中国女性抛却时尚,穿着简便的蓝布旗袍投入工作。时间仓促,女人们无暇在衣服的袖口领边上花费心思,因此40年代的旗袍是简便的、现代的,但也是更有女人味的。遗留至今的民国旗袍以40年代的数量最多。从款式看,只有立领和衣襟的形式还延续了传统,连盘扣也被更简便的揿扣替代了。

为什么旗袍能成为国民女装？

清末民初，北京的满族女性也穿着简易的长袍，但她们不构成时尚，反而在江南文化的中心地带、在华洋混杂的通商口岸上海成就了旗袍的辉煌，请同学们思考一下，为什么旗袍会在上海成了国民女装？

第一，上海城市的发展，自开埠以来发展日新月异，很快成为东亚首屈一指的工商业大都会。这座城市的人们，既拥有江南文化的底蕴与自信，又坐拥西风劲吹的前沿之便利，更有着海纳百川的胸怀，加上看重衣冠、追逐时髦的社会心态，使得旗袍这种"时装"从诞生起就带上了海派文化的深深烙印。

第二，旗袍是 20 世纪 20 年代上海各阶层女性与时装业不谋而合的创造。旗袍的传播与演变与上海传播媒介的发达、娱乐业的繁荣、商业文明的相对成熟，以及社会的开放宽容有关。事实上，上海是当时的全国商业中心，作为此时中国最大的口岸城市，华洋杂处，霓虹闪耀，最能感受到来自欧美的时尚影响。民国初期以来，上海先后涌现出先施公司、永安百货、新新百货、大新百货这四大百货公司，以欧式建筑的造型耸立在繁华的南京路闹市区，且开启了商品的橱窗展示模式，与国际潮流同步。其中最有实力的永安百货，商品以统办环球百货为目的，"凡日用之所需，生活之所赖，靡不尽力搜罗"。英国的棉布呢绒、法国的化妆用品、瑞士的钟表、捷克的玻璃制品、瑞典的搪瓷、日本的毛巾等，几乎把世界各国生产的名品搜罗齐全，成为都市时尚生活的风向标。永安公司甚至推出时装表演，创办《永安月刊》，全力打造一流的现代商业形象。有这样的商业氛围，上海女性的穿着必定是国内最时尚的。

因此海派旗袍尽管保留了相对传统的造型元素，但与海外时尚并不脱节。20 年代晚期至 30 年代初的旗袍下摆与袖口较短，而 30 年代中期又逐渐加长，乃至盖住脚背，而 30 年代末再次缩短，对照西方时装，几乎是亦步亦趋，节拍一致。旗袍还可以和西装、针织开衫、西式大衣套装搭配在一起，竟毫无违和感，反而将旗袍中西合璧的美感发挥到极致。

上海又是当时全国娱乐业最发达的城市。月份牌上的旗袍美女，定义了新时代"美女"的形象，她们健康、红润、性感、时尚，对物质生活充满热情，洋溢着现世的幸福。作为十里洋场，各种舞会、音乐会、展览会、赛会不时举行，电影院上映着国内外最新影片，娱乐杂志争奇斗艳，将名媛、影星、歌星等当红女性推送到社会上，引起人们的追随与仿效。

第三，上海还是近代中国纺织业中心，集中了全国最好的染织与服装企业，不仅提供最新最好的产品，而且在媒体上大做广告，推出时装发布会，为自己的品牌摇旗呐喊。这一切都对旗袍的发展起到了推波助澜的作用。旗袍流行之后,全国都市女性都穿旗袍。但作为传统文化的大本营,北京的旗袍大气中有着传统的遗风;作为民国时期的首都,南京的旗袍有着稳重、端庄的风范。

而上海的旗袍与西方时尚的联系最紧密,外形廓线最具女性魅力,色彩纹样时尚、大方,配色优美和谐,款式细节富有变化,甚至推陈出新,将西方时装的流行元素用到旗袍上。这也许是海派旗袍的风格所在吧!

旗袍是中国的,更是上海的。

从根本上来说,海派旗袍不属于上海,也不属于中国,而是属于世界的。就从时装设计角度来说,海派旗袍已经不是中国民族服饰,而是一种发源于中国的女性时装设计体系,基于海派旗袍已经开发出一整套现代女性时装设计思想与体系。从美学角度来看,海派旗袍已经演变成一种女性人体雕塑,一种女性人体彩绘,更是一种神奇的女性韵味音乐,海派旗袍穿在淳朴的中华女子身上,能演奏出妖娆娇美的旋律,穿在性感、奔放的西洋女性身上却又奏出内敛隽美的节奏。这就是海派旗袍,她的根依然在中华,但已然有了一颗世界的心。

电影中的旗袍是东方的,穿旗袍的女子也是东方的,但穿旗袍的女性的思想却是融入了西方文化的。海派文化的开放性与包容性全融在电影中旗袍开衩的缝隙上。

三、为什么海派文学的特点是多元与创新

海派这个词汇源于 20 世纪 30 年代初期文坛的一次关于京派文化与海派文化的论争。沈从文 1933 年 10 月《大公报·文艺副刊》发表了《文学者的态度》,严词批评上海的"一群玩票白相文学作家",粗制滥造的作风及文学的商业化竞买。此文发表后,苏汶(杜衡)于同年 12 月发表了《文人在上海》一文,为"海派文人"辩解。他说文人在上海,生活苦难,又难以找到工作,"于是在上海的文人更急迫要钱","这结果自然是多产,迅速地著书,一完稿便送出,没有闲暇在抽斗中横一遍竖一遍的修改","而这种不幸"便为"北方的同行所嘲笑"。他认为这不应该。苏汶的答辩文章发表后,沈从文接着发表了《论"海派"》,在文中界定了"海派",认为"海派"即"名士才情"与"商业竞卖"相结合,其显著特征即"投机取巧""见风使舵"。鲁迅在这场争论中发表了意见,《"京派"与"海派"》中一针见血地指出了两派的根源与特征,"北京是明清的帝都,上海乃各国之租界,帝都多官,租界多商,所有文人之在京者近官,没海者近

商,近官者在使官得名,近商者在使商获利,而自己也赖以糊口。要而言之,不过'京派'是官的帮闲,'海派'则是商的帮忙而已"。在 20 世纪 30 年代,只有鲁迅能如此清醒地指出海派文学的属性及其在中国大地上影响的不断扩大。

回顾 20 世纪的中国文学史是一部门户开放、逐渐走向世界现代文学的曲折史。这 100 多年中产生的文学作品,大致可以从以下 8 个方面对之进行分类:① 以个体、人性、自由为内核的启蒙文学;② 以揭露、批判、呐喊为内核的社会批判文学;③ 以主观表现、感觉直觉、内部意识为内核的现代主义文学;④ 以救亡、统一、强盛为内核的爱国主义文学;⑤ 以解放、斗争、建设为内核的革命文学;⑥ 以乡愁、风俗、批判色彩为内核的乡土文学;⑦ 以休闲、感觉、性爱为内核的都市文学;⑧ 以猎奇、有趣、娱乐为核心的通俗文学。某个文学作品也可能兼类。在这 8 类具有不同文学精神的作品中,都有海派文学的存在。

海派文学区别于京派文学的特色在于它兼收并蓄与开拓创新的特点。海派文学有两个源头,一个是中国古代的市井文学,另一个是西方自由民主域外文学以及种种文学思潮的结果。所以海派文学题材广泛,流派纷繁,满足了都市市民多元的文化需求。它是一种中国文学发展历史上从未有过的都市文学,从内容到形式,以至于发育过程和方式,具体而生动地演绎着上海在空间结构上传统的"城"与现代的"市"的边缘性,以及与之相联系的"内陆文化"与"海洋文化"的边缘性、传统"农耕文化"与现代"商品文化"的边缘性。关于这种文学基本性状的描述,可以选择众多的层面,其中发展得相对清晰些的而对于中国文学未来进展又最有启发意义的,大多是属于与传统文化大异其趣的部分。回顾中国近代文学史,20 世纪到三四十年代,海派文学趋于成熟,出现了世界最前卫的文学,如穆时英的《白金的女体塑像》和传统与新潮结合得比较好的著作,如张恨水的《金粉世界》、丰子恺的《缘缘堂随笔》、张爱玲的《传奇》、钱锺书的《围城》、徐訏的《风萧萧》、还珠楼主的《蜀山剑侠传》等海派文学名作。

到了张爱玲年代,她已是自信地说:"到底是上海人!""上海人的'通'并不限于文理清顺,世故练达,到处我们可以找到真正的性灵文字。""只有上海人能够懂得我文不达意的地方。"张爱玲的作品已是正面肯定现代都市物质文明的进步性,肯定商业社会市井生活场景的合理性。这就是海派文学成熟的历史。

我们来分析一下被众多学者们认为能够代表海派小说集大成者的张爱玲。20 世纪 40 年代临水照花的张爱玲横空出世,她继承了清末以来海派小说的衣钵,用一支生花妙笔记录了十里洋场的瞬息风华和俗世男女的爱恨悲欢。

　　张爱玲是典型的海派文学的作家。她的人生就是一部传奇。我们看她的身世，祖上是前清重臣，父亲是遗老遗少，母亲却是一个新女性，所以很早父母离婚，张爱玲跟父亲过。张爱玲在这样的家庭环境里生活着，从小没有家庭的温暖，加之耳濡目染了封建大家庭的尔虞我诈，使她过早地积累了对人对事的否定情绪，形成了孤独、敏感的个性，终生都带着悲观的眼光看待家庭与人生。张爱玲的童年是不快乐的，父母离婚后，父亲一度又扬言要杀死她，而她逃出父亲的家去母亲那里，母亲不久就又去了英国。她本来考上了伦敦大学，却因为赶上了太平洋战争，只得去读香港大学。要毕业了，香港又沦陷，她只得回到上海来。另外，她与胡兰成的婚姻也是一个大大的不幸。

　　张爱玲的性格中聚集了一大堆矛盾：她是一个善于将艺术生活化、生活艺术化的享乐主义者，又是一个对生活充满悲剧感的人；她是名门之后、贵府小姐，却骄傲地宣称自己是一个自食其力的小市民；她悲天悯人，时时洞见芸芸众生"可笑"背后的"可怜"，但实际生活中却显得冷漠、寡情；她通达人情世故，但她自己无论待人穿衣均是我行我素，独标孤高。她在文章里同读者拉家常，但却始终保持着距离，不让外人窥测她的内心；她在 20 世纪 40 年代的上海大红大紫，一时无二，然而几十年后，她在美国又深居简出，过着与世隔绝的生活，以至有人说只有张爱玲才可以同时承受灿烂夺目的喧闹与极度的孤寂。

　　现代女作家有以机智、聪慧见长者，有以抒发情感著称者，但是能将才与情打成一片，在作品中既深深进入又保持超脱的，张爱玲之外再无第二人。张爱玲既写纯文艺作品，也写言情小说，还写剧本散文。像她这样身跨两界、亦雅亦俗的作家，一时无二；她受的是西洋学堂的教育，但却钟情于中国小说艺术，在创作中自觉师承《红楼梦》《金瓶梅》的传统。新文学作家中，走这条路子的人少而又少。她将中国古典小说的叙事笔法与西方现代心理分析学派的要领巧妙地结合在一起，使其风格既富丽堂皇又充满丰富的意象。所以说张爱玲是中国文学史上的一个"异数"当不为过。文字在她的笔下，才真正地有了生命，直钻进你的心里去。张爱玲的文字虽说文字表达得精当，对意象捕捉得精妙，用情节推进来烘托人物心理是张爱玲的特色，但独特的、出神入化的心理分析和对人物性格的深刻揭示，更让她的作品令人叹为观止，回味无穷。张爱玲十分擅长对心理的剖析和描写，她的作品的文字能根据故事的进展，立刻营造出相搭配的气氛。因此傅雷形容她的小说是"每句说话都是动作，每个动作都是说话"。我们可以看到，在她的文章里，并没有冗长的独白和烦琐的解析，也没有连篇累牍的心理活动赘述，而是利用人物自然流露出的动作和语言，即刻勾勒出人物的心理状态,同时营造了苍凉的气氛和风格,可见她过人的高超洞察力和描写力,她刻画人物心理的深度远远超过了其他作家。比如:"他的心狂跳着,撕开了信封,抽出一张白纸,一个字也没有,他立刻明白了她的意思。她想写信给他,但是事到如今,还有什么话可以说?"(《五四遗事》)再如:"两人并排在公园里走着,很少说话,眼角里带一点对方衣裙与移动着的脚,女子的粉香,男子的淡巴菰气。这单纯而可爱的印象,便是他们的栏杆,栏杆把他们与大众隔开了。空旷的绿地上,许多人跑着,笑着谈着,可是他们走的是寂寂的绮丽的回廊——走不完的寂寂的回廊。不说话,长安并不感到任何缺陷。"(《金锁记》)

她的小说在刻画人物的心理上,可谓出神入化,非常成功。她不仅擅长运用心理分析,还擅长通过心理分析在每个细节上,都能反映出心理的进展和变化,并从中揭示社会根源,使小说具有了社会深度。所以夏志清评价张爱玲:"对于一个研究现代中国文学的人来说,张爱玲是今日中国最优秀、最重要的作家。"

张爱玲终其一生都在描绘上海这座殖民都市的种种畸变的世态风情,刻画俗世男女在末世之城里庸俗、琐屑却又哀矜、荒芜的人性真情。她的作品直指人心,妙察人性,笔锋艳异凌厉。她骄傲地游走于文字与影像、大众与高蹈、媚俗与骇俗之间,以其创作实践和《传奇》等一批作品,将自己的传奇留给了上海,留给了1943,成就了上海和她本人的传奇。

海派文化的多元性在新时期文学时期得到了很好的继承,当代寻根作家王安忆的创作是对海派女作家张爱玲的继承与补充,她们"都善写上海的风情与女人,但笔锋却不相同,张爱玲是抱着反讽的心情来精雕细琢,而王安忆是平淡的、同情的态度来讲述故事。……90年代的《长恨歌》这部长篇小说以庞大的空间建构及时间流程,丰富的人物活动叙述了上海的历史,刻画了上海的女性,审视了上海的文化。在这部小说中,王安忆取得了巨大的成就与突破。"(王德威《海派作家又见传人》)

《长恨歌》讲述了一个女人40年的情与爱。20世纪40年代,还是中学生的王琦瑶被选为"上海小姐"的第三名,被称作"三小姐",从此开始命运多舛的一生。与几个男人的复杂关系,想来都是命里注定,也在艰难的生活与心灵的纠结中生下女儿薇薇并将她抚养成人。80年代,已是知天命之年的王琦瑶难逃劫数,女儿同学的男朋友为了金钱,把王琦瑶杀死,使其命丧黄泉。

王琦瑶是弄堂里走出来的小姐,在王安忆的笔下,上海的城市精神在"王琦瑶"们的身上得到了淋漓尽致的体现:

站一个制高点看上海，上海的弄堂是壮观的景象。它是这城市背景一样的东西。街道和楼房凸现在它之上，是一些点和线，而它则是中国画中称为皴法的那类笔触，是将空白填满的。当天黑下来，灯亮起来的时分，这些点和线都是有光的。在那光后面，大片大片的暗，便是上海的弄堂了……这东方巴黎的璀璨，是以那暗作底铺陈开。一铺便是几十年……雾终被阳光驱散了，什么都加重了颜色，绿苔原来是黑的，窗框的木头也是发黑的，阳台的黑铁栏杆却是生了黄锈，山墙的裂缝里倒长出绿色的草，飞在天空里的白鸽成了灰鸽。

王琦瑶是典型的上海弄堂的女儿。每天早上，后弄的门一响，提着花书包皮出来的，就是王琦瑶；下午，跟着隔壁留声机哼唱"四季调"的，就是王琦瑶；结伴到电影院看费雯丽主演的《乱世佳人》，是一群王琦瑶；到照相馆去拍小照的，则是两个特别要好的王琦瑶。每间偏厢房或者亭子间里，几乎都坐着一个王琦瑶。王琦瑶家的前客堂里，大都有着一套半套的红木家具。堂屋里的光线有点暗沉沉，太阳在窗台上画圈圈，就是进不来。三扇镜的梳妆桌上，粉缸里粉总像是受了潮，有点黏湿的，生发膏却已经干了底。王琦瑶家的地板下面，夜夜是有老鼠出没的，为了灭鼠抱来一只猫，房间里便有了淡淡的猫臊臭的。王琦瑶往往是家中的老大，小小年纪就做了母亲的知己，和母亲套裁衣料，陪伴走亲访友，听母亲们唱叹男人的秉性，以她们的父亲作活教材的。

王琦瑶是典型的待字闺中的女儿，那些洋行里的练习生，眼睛觑来觑去的，都是王琦瑶。在伏天晒霉的日子里，王琦瑶望着母亲的垫箱，就要憧憬自己的嫁妆的。照相馆橱窗里婚纱曳地的是出嫁的最后的王琦瑶。王琦瑶总是闭月羞花的，着阴丹士林蓝的旗袍，身影袅袅，漆黑的额发掩一双会说话的眼睛。王琦瑶是追随潮流的，不落伍也不超前，是成群结队的摩登。她们追随潮流是照本宣科，不发表个人见解，也不追究所以然，全盘信托的。上海的时装潮，是靠了王琦瑶她们才得以体现的。但她们无法给予推动，推动不是她们的任务。她们没有创造发明的才能，也没有独立自由的个性，但她们是勤恳、老实、忠心耿耿、亦步亦趋的。她们无怨无艾地把时代精神披挂在身上，可说是这城市的宣言一样的。这城市只要有明星诞生，无论哪一个门类的，她们都是崇拜追逐者……她们吃饭只吃猫似的一口，走的也是猫步。她们白得透明似的，看得见淡蓝经脉。她们夏天一律地注夏，冬天一律地睡不暖被窝，她们需要吃些滋阴补气的草药，药香弥漫。这都是风流才子们在报端和文明戏里制造的时尚，最合王琦瑶的心境，要说这时尚也是有些知寒知暖的。

从文学叙述来看,王琦瑶的故事交织着上海这所大都市从 20 世纪 40 年代到 90 年代沧海桑田的变迁。生活在上海弄堂里的女人沉沦了无数理想、幻灭、躁动和怨望,她们对情与爱的追求,她们的成败在我们眼前依次展开。王安忆看似平淡却幽默、冷峻的笔调,在对细小琐碎的生活细节的津津乐道中,展现时代变迁中的人和城市,被誉为"现代上海史诗"。

四、海派文化在当下的意义是什么

时代不断在前进与发展,中国经济高速发展了 30 年以后,有了和平崛起的愿望。和平崛起不能仅仅依靠 GDP,也不能依靠航母,更不能依靠导弹、核武器、隐形飞机,而是要依靠中国的文化崛起。中国的文化不崛起,中国永远不可能和平崛起于世界。如果中国崛起不依靠文化崛起,只能用武力,那么对中国、对世界都是一种灾难。这就带来一个问题,中国文化如何崛起? 是关起门来自己崛起还是走向世界成为世界文化的崛起? 很明显,如果闭起门来自我崛起,且不论是否能崛起,一个开放的世界不可能接受一种封闭国度的文化。那么,中国文化崛起一定是补充、完善了世界文化。

全世界知道中国文化是优秀的文化,缺少中国文化的世界文化不会是一种完善的文化。中国文化不仅能补充世界文化,还能完善世界文化,这不是中国人的意淫,而是世界文化发展的必然趋势。世界对中国文化的研究从来也没有停止过,每隔几年世界上都会出现一阵"中国热"。好莱坞电影从《花木兰》到《功夫熊猫》,无不运用了中国故事与中国元素。但是,中国文化在融入世界文化的过程中存在着严重的"语言"障碍,很多国人也没有认真学习与解读中国文化究竟是什么。所以,从某种意义上说,用美学(广义美学)思维来认识中国文化,用世界性语言来解读中国文化,不仅是中国的需要,更是世界文化发展的需要。海派文化在吸收外来文化,解读后再把中国文化拿出去,让世界接受中国文化,让具有悠久历史的中国文化丰富世界文化,取得的经验值得我们思考与借鉴。这样解读的结果,不仅让中国区域性文化元素被全中国接受,更被世界接受,还融入了世界主流文化中。

2013 年 12 月 30 日,习近平总书记主持中央政治局第十二次集体学习时强调:"提高国家文化软实力,要努力展示中华文化独特魅力。在 5 000 多年文明发展进程中,中华民族创造了博大精深的灿烂文化,要使中华民族最基本的文化基因与当代文化相适应、与现代社会相协调,以人们喜闻乐见、具有广泛参与性的方式推广开来,把跨越时空、超越国度、富有永恒魅力、具有当代价值的文化精神弘扬起来,把继承传统优秀文化又弘扬时代精神、立足本国又面向世界的当代中国文化创新成果传播出去。"党的十八大以来,以习近平同志为核心的党中央高度重视提高文化软实力,提高国际话语权,引导国际社会全面客观认识中国。但是如果树立全球视野,讲好中国故事、传播好中国声音,需要我们不断吸取前人的经验,并在此基础上不断创新内容、创新手段,精心构建对外话语体系,用西方学者和民众能够理解、乐于接受的话语体系解释中国问题,创新中国故事的对外话语表述,让国外受众想了解、听得懂、愿接受,从而增强对外话语的创造力、感召力、公信力。这也是今天海派文化被我们研究与借鉴的意义之所在。

参考文献

[1] 张爱玲.流言散文卷上[M].北京:中国戏剧出版社,2005.

[2] 张爱玲.张爱玲文集·金锁记[M].合肥:安徽文艺出版社,1994.

[3] 夏志清.中国现代小说史[M].刘绍铭,译,台北:传记文学出版社,1985.

第七章　大学校园的人文精神

人文精神是国家、民族文化体系中的重要内容,是衡量一个国家、民族文明进步程度的重要标尺。大学是培育人文精神的地方。大学人文精神是在大学自身发展过程中,经过长期的内化演绎与历史积淀逐步形成的。它具有稳定而丰富的内涵,体现着大学对人的价值和生存意义的关怀,同时又以价值观念和行为规范的形式约束着大学人的行为,显示着大学不同于其他机构的气质特征[1]。党和国家历来高度重视教育。教育是民族振兴、社会进步的基石,对提高人民综合素质、促进人的全面发展,增强中华民族创新创造活力,实现中华民族伟大复兴具有决定性意义。教育是国之大计,党之大计。党的十九大从新时代坚持和发展中国特色社会主义的战略高度,做出了优先发展教育事业、加快教育现代化、建设教育强国的重大部署。在2018年9月10日召开的全国教育大会上,习近平总书记以"两个大计"高度概括了教育在新时代的重要地位,强调坚持中国特色社会主义教育发展道路,培养德、智、体、美、劳全面发展的社会主义建设者和接班人。这一重要讲话体现了总书记对教育工作"培养什么人、怎样培养人、为谁培养人"这一根本问题的深谋远虑和高瞻远瞩,为教育工作立德树人的根本任务提供了科学指南。

高校肩负着培养德智体美全面发展的社会主义事业建设者和接班人的重大任务,贯彻落实立德树人的任务目标。大学生是祖国的未来、民族的希望,处于人生的"拔节孕穗期",最需要精心引导和栽培,大学不仅需要向学生传授专业知识,而且需要用大学人文精神武装人、引领人、塑造人、鼓舞人,引导大学生树立正确的人生观、价值观,帮助他们成长成才。那么什么是大学人文精神? 大学精神的功能是什么,新时代如何以人文精神涵养高校师生呢? 下面就这些问题进行一定程度的阐释。

一、大学的起源及历史演进

大学是什么? 在中国古代传统四书五经中,便已有"大学"之称,"大学之道,在明明德,在亲民,在止于至善"。这里的"大学"并不是当前常用语意义上的大学,其意义有二：一是"博学"的意思；二是相对于小学而言的"大人之学"。古人8岁入小学,学习"洒扫应对进退,礼、乐、射、御、书、数"等文化基础知识和礼节;15岁入大学,学习伦理、政治、哲学等"穷理正心,修己治人"的学问。第二种含义同样也有"博学"的意思。

当前,一般意义上的大学含义如下：大学(university/college),学名为普通高等学校,是一种功能独特的文化机构,是与社会的经济和政治机构既相互关联又鼎足而立的传承、研究、融合和创新高深学术的高等学府。它不仅是人类文化发展到一定阶段的产物,还在长期办学实践的基础上,经过历史的积淀、自身的努力和外部环境的影响,逐步形成了一种独特的大学文化。

虽然中国古代的"大学"并不等同于当前常用语意义上的"大学",但其中都蕴含着从事研究学术的追求、立德树人的宗旨,在长期实践基础之上形成富有特色的大学文化。要真正了解大学文化,需要首先回顾大学的发展历史。

近现代大学直接起源于欧洲中世纪大学,古代埃及、印度、中国等都是高等教育的发源地,古希腊、罗马、拜占庭及阿拉伯国家都建立了较完善和发达的高等教育体制。虽然许多教育史家把上述地方的高等学府也称为大学,但严格地说,它们不是真正意义的大学。

现代意义上的大学从它产生到现在已有上千年的历史,主要是从西欧国家最早发展起来的。中国现代大学源起于西方,现代西方大学又是从欧洲中世纪大学、英国大学、德国大学而到美国大学这样逐渐演化过来的,无论哪一个时代的大学都是对以前大学的创造性继承。

1. 欧洲中世纪大学的产生

1088年,意大利建立了近代意义上的世界第一所正规大学——博罗尼亚大学。它是欧洲最著名的罗马法研究中心,被誉为欧洲"大学之母",是世界范围内广泛公认的,拥有完整大学体系并发展至今的第一所大学。

随后,欧洲各地相继出现了大学。巴黎大学是由巴黎圣母院的附属学校演变而来,1208年得到教皇英诺森三世的认可,获得"学者和师生行会"的资格,获得合法的地位和相应权利。中世纪的大学形成,正如美国学者房龙所叙述的："一个明智之士对自己说,我发现了一个伟大的真理,我必须把我的知识传授给别人。无论何时何地,只要能找到几个听他宣讲的人,他就开始把自己的智慧鼓吹一番。久而久之,某些年轻人开始按时来听这位伟大导师的智慧言词,他们还带来了笔记本、一小瓶墨水和鹅毛笔,把他们觉得重要的东西记下来。这就是大学的起源。"当时大学开设课程主要有神学、哲学、文学和法律,授课以论诵为主,教师讲学生记录,诵记教学还特别强调背诵和考试,考试不能超过经文所规定的内容,教学育人即人才培养是大学唯一的职能。

2. 早期现代大学的产生

启蒙运动以后,经过理性主义改造,特别是以1809年德国洪堡创办的柏林大学为代表的新型大学,成为世界范围内古典大学向现代大学转变的标志。中世纪大学是传授已有知识的场所,将研究和发现知识排斥在大学之外,而现代大学则将"人才培养"和"科学研究"作为自己的主要职能,推崇"学术自由"和"教学与研究的统一"。柏林大学精神推动了德国的科学事业发达昌盛,19世纪初到20世纪初德国成为世界科学的中心。这一思想对世界高等教育也产生了深远影响,19世纪中叶以后,美国、英国、法国、日本等国纷纷效仿柏林大学进行改革,为近代大学形成奠定了基础。

3. 资本主义大工业时期西方大学的发展

19世纪中叶到20世纪中叶,为了适应资本主义大工业的发展,以美国威斯康星大学为代表,提出了大学教学、科研、服务紧密结合的大学办学模式和办学理念,1862年,美国总统林肯签署了著名的 *Morrill Act*(莫里尔法案),规定联邦政府每州凡有国会议员一人可获得3万英亩的公共土地或相等的土地期票,赠予各州作为建立一所从事农业和机械工程教育的学院的经费资助,并要求所建立的农业和机械工程学院的主要课程应按照各州议会所规定的方式,授予农业和机械专业知识。这些学院在历史上被称为"赠地学院"。其办学思想是大学向所有人开放,向所有学科开放。其形成了美国大学独特的办学风格,并引发了大学第三个职能的发展。大学打破封闭办学的传统,开始直接面向经济社会发展及其发展过程中出现的种种问题,为社会经济发展提供智力支持。

4. 我国大学的产生和发展

在中国古代,也曾出现过"高等教育"。战国时期,齐国临淄的稷下学宫是目前可知的最早私人高等学术机构,促进了当时的学术交流与融合。西汉汉武帝时期创办的太学是国立最高学府,为后世所继承,但是中国古代大学没有严格意义上的办学理念。中国现代大学源起于西方,诞生于1864年的齐鲁大学,由美北长老会、英国浸礼会共同发起,来自美国、英国以及加拿大的多个基督教教会联合举办,是中国最早的教会大学之一。1879年诞生于上海的圣约翰大学(St. John's University),1892年起开设大学课程,1905年升格为大学,1913年开始招收研究生。中国近代国立高等教育的开端是京师大学堂,也是北京大学在1912年5月之前使用的旧名。

作为戊戌变法的"新政"之一,学校创办于 1898 年 7 月 3 日,是中国近代第一所国立大学。当时以蔡元培、梅贻琦、张伯苓为代表的一代教育大师在大力传播欧美大学理念的同时,结合中国实际提出了许多创见,为在我国建立近现代大学奠定了思想基础。特别是蔡元培先生在 1917—1927 年任北大校长时,他的大学理念主要是:大学是研究机关,要思想自由,兼容并包,教授治教。在这里就有了大学发展科研,进行学术研究职能的体现。梅贻琦先生在 1931—1948 年任清华大学校长时,认为:"所谓大学者,非谓有大楼之谓也,有大师之谓也。"所以应该实行教授治教。张伯苓 1919—1948 年任南开大学校长时提出了"育才救国,以图自强"的办学理念。在这些大师的办学理念中,明显体现了高等教育与国家社会所处状况的密切关系。

新中国成立后,政府高度重视教育工作,为了适应工业化的迫切需要,20 世纪 50 年代曾按照苏联模式建立大学教育体系。20 世纪 90 年代以后,我国的高等教育迎来了新的发展契机。现代大学理念的研究有了新的进展,高等学校的办学也出现了空前繁荣的局面。1998 年高等学校扩招,为提高高等教育教学质量而推行的"985 工程""211 工程"以及"高等教育教育质量报告"等一系列措施的实施,都是高等教育改革与发展的新体现。2015 年,国务院做出重大战略决策,提出"双一流"建设即"世界一流大学"和"一流学科建设",也是中国高等教育领域继"211 工程""985 工程"之后的又一国家战略,有利于提升中国高等教育综合实力和国际竞争力,为实现"两个一百年"奋斗目标和中华民族伟大复兴的中国梦提供有力支撑。

2018 年,习近平总书记在全国教育大会上指出,培养什么人,是教育的首要问题。我国是中国共产党领导的社会主义国家,这就决定了我们的教育必须把培养社会主义建设者和接班人作为根本任务,培养一代又一代拥护中国共产党领导和我国社会主义制度、立志为中国特色社会主义奋斗终身的有用人才。这是教育工作的根本任务,也是教育现代化的方向目标。2019 年,习近平总书记在学校思想政治理论课教师座谈会上强调:新时代贯彻党的教育方针要坚持马克思主义指导地位,贯彻新时代中国特色社会主义思想,坚持社会主义办学方向,落实立德树人的根本任务,坚持教育为人民服务、为中国共产党治国理政服务、为巩固和发展中国特色社会主义制度服务、为改革开放和社会主义现代化建设服务,扎根中国大地办教育,同生产劳动和社会实践相结合,加快推进教育现代化、建设教育强国、办好人民满意的教育,努力培养担当民族复兴大任的时代新人,培养德、智、体、美、劳全面发展的社会主义建设者和接班人。习总书记的讲话为高等教育的发展指出了方向,提供了遵循。

二、大学的功能

大学有着什么样的功能定位呢？明代东林书院曾有一副顾宪成撰写的名联"风声雨声读书声声声入耳，家事国事天下事事事关心"。在当下，大学往往在社会普罗大众眼中是一座"象牙塔"，大学是社会的有机组成部分，但似乎又总是被社会群体隔绝在"社会"之外。比如，我们高校教师往往在教育学生的过程中，不自觉地说出："以后你们从学校走入社会就知道到了……""我们学校和社会还是不一样的……"那么当前大学有着什么样的功能定位呢？或者说大学有什么样的价值呢？大学的功能是对大学的特定能力及其界限形成一个比较客观、准确的认识，而大学作为社会系统的有机组成部分，大学与社会其他构成部分的动态互动导致大学功能随着时代发生变迁。大学的功能定位是大学存在和发展的根据，与此同时，大学功能发挥受到社会现实需要的制约。概括而言，大学的主要功能有以下五方面。

1. 人才培养

大学是高等教育开展的主要场所，教师之所以称为"师"，必然要求从事教育活动。教师和学生是大学活动的主体，对学生的教育活动，是大学的本质活动，也是促使人的社会化和社会文化整体提升的主要手段。大学教育不仅是知识层面的，还包括价值层面。人才培养目标的定位在不同时代、不同国家、不同教育研究者、各大学之间存在着认识的差异，人才培养目标在很大程度上决定了大学的课程设置、教学方法、制度建设、典礼活动、大学环境等不同方面。不同的大学培养人才的目标不同，例如，哈佛大学明确提出要培养国家的领袖人物。麻省理工学院从培养具有科学背景的工程师转向培养具有全球经济背景的工程师，使之成为企业经理和跨国公司的总经理。清华大学的决策者认为，清华的资源不仅可以培养出一流的工程师，还可以培养一大批声播四海的学术大师。上海对外经贸大学提出培养高素质应用型国际化的经贸人才的办学理念。

2. 学术研究

在世界范围内来看，大学存在着"教学型""研究型"等的区别，不过，从我国大学的实际情况看，无论"教学型"还是"研究型"，学术研究都在大学功能中占据着重要的地位。这是因为大学在组织、人才、体制、环境等方面具备从事学术研究的优势，特别是与教学密切结合的学术研究，使得教师和学生都能够参与其中，不仅教师能够提升学术水平，而且可以促进学生的快速成长，大学由此得以成为新思想、新知识、新文化的重要孵化基地。

3. 社会服务

大学的社会服务是随着社会的发展而逐渐凸显的。20世纪美国威斯康星大学所探索的科学知识直接服务于社会经济的模式，为世界很多国家的高校所借鉴吸收，促使社会服务成为当前大学功能的重要组成部分。社会服务不仅是为社会经济活动服务，而且在引导社会规范和参与政府决策等方面的作用也日益显现，大学除了为社会培养富有正义感、道德感、责任感的学生以改善社会成员的基本构成和提高公民素质外，还应当成为社会行为的批评者、监督者，以及价值标准的制定者和率先垂范者，为道德秩序的建立和社会行为的规范起到其他组织和个人不能替代的作用。[①]

4. 文化传承与创新

文化属性是大学的本质属性，是大学赖以存在经久不衰的根本所在。无论我们从什么样的角度入手，无论我们对大学的本质进行怎么样的追问，也无论我们对大学的本质提出什么样的解说，归根结底，大学的本质仍在于文化，大学本身就是负有传承、选择、批判、创新和引领人类文化功能的文化社会组织。文化功能是大学的基本功能。大学较集中地保存了人类创造的精神财富，又通过教育环节将保存的精神财富从教师传授给学生，使得学生个体得以完成对已有人类文化的继承。在个体文化传承的基础上，教师和学生又通过创新性的智力活动为人类创造新的精神财富，从而促进社会的发展。

5. 国际交流与合作

大学是国际交流与合作的有生力量。随着经济全球化的发展，高等教育国际化不断深入，各国高等教育交往日益频繁，国际合作办学形式多样，大学已经成为各种文化的荟萃地，也是传播各种文化的集结地，大学也需要发挥越来越重要的国际交流与合作的职能。通过全方位的合作与交流，进一步提高大学的国际影响力、感召力、塑造力，是大学肩负的责任和使命。

大学的这五个功能与大学职能从根本上是统一的，它们共同构成了一个有机整体。其中人才培养是大学的核心内容，也是重中之重，其他几个功能都是围绕人才培养而进行的。它们目的一致，手段互补，为社会提供高质量、高素质人才，为社会提供良好的社会服务，为社会的发展作积极的贡献。

---

① 睦依凡.改造社会：未来大学新职能[J].上海高教研究,1995(3).

三、大学文化的内涵及作用

大学作为长期历史发展的产物,在发展的过程中,在人才培养、学术研究、社会服务、文化传承和国际交流与合作等方面的功能逐步完善,而且大学由于其特有的以知识传承与发展为核心的存在方式,使得大学拥有着丰富的文化内涵。大学文化是大学的本质属性,大学是重要的社会进步的思想策源地,大学的文化属性决定了大学应该坚持学术自由与社会责任相统一、适应社会需求和引领社会发展相统一、文化传承与知识创新相统一。

1. 大学文化的内涵

大学的教育教学过程,实质上是一种有目的、有计划的文化过程。有关大学文化的概念,在学界仍存在着不同的认识,主要的观点有"亚文化说""综合文化说""文化氛围说""精神环境说"。一般而言,广义上的大学文化是高校师生员工以大学校园为主要空间,以大学精神为主要特征,在高校各项活动中共同培养和营造,并通过理想信念、群体行为、生活方式、舆论氛围、校园环境等所蕴含、表达或体现出来的,得到高校师生员工认可的,具有趋同性心理特征和价值取向的大学物质文化、制度文化、精神文化的总和。

大学文化是以高等学府为载体,由学校广大师生员工在教学、科研、生产、生活等各个领域的相互作用中所创造出来的一切物质财富和精神财富的总和。大学文化是一个大学赖以生存、发展的重要根基和血脉,也是大学间相互区别的重要标志和特征。大学文化主要包括以下内容:

(1)精神文化。大学精神文化是大学文化的核心,是一所学校的灵魂,具有鲜明的个性特征,是师生在长期的教学和教育活动中所形成的趋同性群体心理特征、行为规范和精神追求,具有凝聚、激励、导向和保障的作用。在大学文化的结构层次中,大学精神文化处于深层文化的维度。从本质上讲,大学精神作为大学发展中形成的精神文明成果,具有崇尚人文、继承创新、自由独立、追求真知等基本内涵。它是高等教育理念与使命的高度概括、集中凝练和显著标志。大学理念主要关注大学的功能定位、人才培养、科学研究、社会服务诸方面的内在规律及其关系等涉及办学思想的基本问题。中外著名大学的办学理念的表述虽然各有侧重,但都围绕着严谨、科学、求实、创新的精神和追求卓越的态度,体现了一所大学的办学传统、价值取向与大学人的精神尺度。譬如,校风、学风作为大学精神的外在表现,对每一个大学人道德品格的形成、事业学业的发展都有着十分深刻的影响。

（2）制度文化。大学制度文化是大学在办学和发展过程中一系列权利、义务及责任的综合，是大学存在与发展的规范、规则，同时也表现为大学在长期的发展和实践中形成的观念、习惯等。它一方面约束着大学的办学行为，同时又为大学的生存发展提供制度保障。在大学文化的结构层次中，大学制度文化属于中介文化的维度。大学制度不同于一般的社会组织制度，是一种文化积淀。一定意义上，大学的制度是大学精神文化的延伸和具体化，包括大学章程、发展战略、领导体制、组织机制，以及关于教学、科研、服务等各种管理规章制度、行为规范。

（3）物质文化。大学物质文化是大学和大学精神文化存在的物质基础，是大学文化的物质形态和综合实力的重要标志。大学物质文化的内涵十分丰富，主要指学校的自然环境、校园建筑及其建筑风格、图书资料、教学设施、文化设施、生活设施等；是学校教育、科研和生活所面对的物质条件和环境，是大学文化的物态外化。其内容主要包括四点：一是大学的地理环境；二是大学的规划与布局；三是大学的教学生活设施、建筑、校园人文景观及绿化美化；四是大学校园网络文化、电教传媒、图书馆、报纸、杂志等学校文化传播载体与设施。这几个方面相互依存，共同组成大学环境文化的有机整体，发挥着环境育人的独特功能。苏联著名教育家、当代世界上最有影响的教育家之一苏霍姆林斯基说："我们在努力做到使学校的墙壁也说话。"

（4）行为文化。大学的行为文化是指广大师生员工在学习、教学、科研、管理、娱乐等活动中所表现出来的精神状态、行为操守和文化品位。它主要包括教师、管理服务人员、学生三类大学人的行为，反映的是与社会大众群体行为文化相区别的特殊文化魅力，既是大学人作风、精神状态和人际关系的动态折射，也是大学精神、办学理念、价值观的具体体现。

大学文化的各个构成要素相互联系，密不可分。大学精神文化贯穿于大学制度文化、物质文化、行为文化之中，是整个大学文化的核心。大学制度文化既是大学精神文化的凝结，同时又是大学物质文化、精神文化和制度文化正常运作的根本保证。大学物质文化既体现着大学精神文化，又为大学精神文化、制度文化、行为文化的正常发展提供物质载体。大学行为文化体现着大学精神文化，受大学物质文化的影响，为大学制度文化所规范，推动着大学精神文化、制度文化和物质文化的发展。这四个构成要素相互作用、相互影响，共同制约和推动着大学人行为的发展和完善。

2. 大学文化的作用

大学文化作为全体大学人共同认同的一种区域性文化，是其生存和发展过程中最稳固、最有活力的基础,对武装人、引导人、塑造人、鼓舞人,即培养人具有极大的促进作用。著名教育哲学家、国学家涂又光先生的"泡菜"理论认为,泡菜的味道主要取决于由糖、盐、生姜、大蒜等构成的泡菜汤的味道。大学文化的主要作用是:

(1) 价值导向作用。大学是一个开放的、兼容并蓄的社会子系统,各种各样的思想、理论、观点、思潮等都在这里汇聚和碰撞,形成特定的文化环境和文化氛围,"深刻影响着每个大学人的思想品德、行为规范和生活方式,具有水滴石穿的功效"。优秀的校园文化所形成的那种催人奋进的环境力量,足以促使生活在其中的每一个大学人在不知不觉中受其熏陶和感染。

(2) 凝心聚力作用。大学文化是其全体大学人在继承学校优良文化传统的基础上共同创造形成的,充分体现了大学人共同的思想意识、价值观念、工作作风、行为方式等。这些共同性如同一种黏合剂,对每一个大学人都具有心理上、情感上的凝聚力量。在这种教育环境中形成的共同需要和目标,对每一个大学人都具有强烈的激励作用,从而使每一个大学人都能把自己内在的潜能和创造力最大限度地发挥出来,竭尽全力,通力合作,共同推动学校的发展。

(3) 鼓舞激励作用。大学文化总是有愿景、有期望、环境舒畅、人际关系融合、生活朝气蓬勃。大学校园的品牌活动、管理制度、历史传统、榜样示范等,会激励师生开拓进取,不怕困难,追求卓越,努力把学校的各项任务出色完成。全校师生有一种责任感、荣誉感,驱使他们努力教和学,不断创造新的经验和成绩。

(4) 陶冶情操作用。大学校园中的文化活动和艺术活动是大学文化的重要表现形式,既展现了大学文化的丰富内涵,又发挥了大学文化的娱乐功能,对愉悦全体大学人的身心及陶冶其情操产生了积极的作用。例如,学生社团通过开展诸如文学、艺术、体育、演讲和社会实践等为学生喜闻乐见的文化活动,并通过这些活动效果的点点滴滴的渗透,使学生在这种乐观、昂扬、振奋的文化氛围中不知不觉地受到审美、益智等情操的陶冶,使学生的潜能都能得到充分和自由的发展。

(5) 约束制约作用。大学文化为每一个大学人在评定自己的道德品质、行为方式和人格特征等方面提供了内在的尺度,并用这种内在尺度规范每一个大学人的言行举止。如大学的校训、校风以及各项校纪规章等制度文化对全体大学人都具有一定的规范约束功能。同时,由一定的校园文化衍生出来的一些非正式的、约定俗成的群体规范和共同的价值标准,虽然没有强制执行的性质,但有时却比正式的规范来得更为有力、有效和有利,更能影响个体的心理,更能改变个体原本就存在的一些不合理的行为方式和态度。

（6）辐射作用。大学文化的社会化功能主要是指校园文化使生活于其中的全体大学人有意或无意地在思想观念、行为方式、价值取向等方面与现实社会要求合拍，实现校园人的精神、心灵、性格等的社会化塑造，从而促进校园人的社会化进程。大学文化对大学人社会化的促进作用主要体现在以下几个方面：一是促进大学人生活目标的社会化；二是促进大学人主动适应社会政治形势，并以相应的政治准则来约束自己的政治行为；三是促进大学人价值取向的社会化；四是促进大学人道德规范的社会化；五是促进个体角色扮演的社会化；六是促进校园人人格的社会化。

四、大学人文精神及价值

大学最重要的是什么？

是那些古朴典雅的建筑和现代化的楼房吗？

是那些满馆的图书和先进的仪器设备？

是那些皓首穷经的教授和那些风华正茂的年轻学子？

是那些不断贴出的花花绿绿的海报？

是那些慷慨激昂的演说和幽默睿智的辩论？

清华大学原校长刘达教授曾经说过："如果有人问我，你最留恋清华的是什么？我会毫不犹豫地回答，清华精神。"可见，大学人文精神是非常重要的。人文精神是大学教育的核心；人文精神是一所大学的特色、支柱和灵魂，是一所大学的创造力和生命力的源泉与动因。大学人文精神是在大学的发展演绎过程中形成的。大学人文教育即对大学生进行的旨在促进其人性境界提升和理想人格塑造的教育，其实质是涵养人文精神。我国具有悠久的人文传统。在我国，最早出现"人文"一词的《易·贲》中说："文明以止，人文也。观乎天文，以察时变；观乎人文，以化成天下。"这里的"人文"主要指礼教文化；所谓"文明以止"，就是要求人们内以践行道德伦理，外以恪守立法制度。中国古代的大学理念，体现于《大学》之开篇："大学之道，在明明德，在新民，在止于至善。"意即大学的精神在于发扬人性之善，培养健全人格，改良社会风气。这里的"大学之道"，典型地反映了中国古代为人、为教、为学的"大学"理念，体现着一种强烈的人文意识和人文精神。我国现代著名教育家孟宪承先生在《大学教育》曾对现代大学的精神做出过精辟而系统的阐述："大学是最高的学府，这不仅仅因为在教育的制度上，它达到了最高的一个阶段，尤其是因为在人类运用他的智慧于真善美的探求上，在以这探求所获来谋文化和社会的向上发展，它代表了人们最高的努力了。大学的理想,实在就含孕着人们关于文化和社会的最高的理想。"

西方的人文教育思想,最早出现于亚里士多德的著作中。亚里士多德把教育分为"自由的"教育和"职业的"教育两大类。自由教育适合于"自由人"——悠闲阶层,其目的在于陶冶心灵,实质乃是人文教育。文艺复兴和启蒙运动时期的欧洲思想家赋予了"人文"更广泛的内涵,在他们的视野中,"人文"即建立在以人为中心之基础上的个性、自由、价值、人格等内容。

随着现代性的发展,思想家们进而系统提出了以人的全面发展为目的的人文主义教育理念。著名教育家洪堡在秉承这种思想传统的基础上创建了柏林大学。在洪堡看来,大学传授的知识是一种超越社会现实的理念性知识。他极力主张的科学研究也并非实用性研究,其目的完全是为了心灵的陶冶和思想的完善。

欧洲大学所孕育的这种强烈的人文主义精神传统,虽然更多地带有一些"方法论"色彩,但就其注重人的内在修养、倡导人格完善的精神实质而言,与《大学》所言之"大学之道"基本一致。那么究竟什么是人文精神? 大学人文精神的主要表现是什么? 大学人文精神的价值怎么体现?

1. 人文精神的内涵

人文精神是一种普遍的人类自我关怀,表现为对人的尊严、价值、命运的维护、追求和关切,对人类遗留下来的各种精神文化现象的高度珍视,对一种全面发展的理想人格的肯定和塑造。人文学科是集中表现人文精神的知识教育体系,它关注的是人类价值和精神表现。从某种意义上说,人之所以是万物之灵,就在于它有人文,有自己独特的精神文化。

不同时代人文精神的特点和重点是不同的,它是在特定时代背景下人们的价值观、人性观、时代精神的集中反映。具体表现为:一是人文精神是"对人的价值追求",提倡人文精神与科学性的相容性,关怀的重心是现实生活中人的身心全面价值的体现。二是人文指"区别于自然现象及其规律的人与社会的事物",其核心是贯穿于人们思维与言行中的信仰、理想、价值取向、人文模式、审美情趣,亦即人文精神,认为人文精神是一个人、一个民族、一种文化活动的内在灵魂与生命。三是人文精神是把人的文化生命和人的文化世界的肯定灌注于人的价值取向和理想追求之中,强调人的文化生命的弘扬和人的文化世界的开拓,促进人的进步、发展和完善。四是人文精神是人类不断完善自己、拓展自己、提升自己,自己从"自在的"状态过渡到"自为"的状态的一种本事。五是人文精神是一种关注人生真谛和人类命运的理性态度,包括对人的个性和主体精神的高扬,对自由、平等和做人尊严的渴望,对理想、信仰和自我实现的执着,对生命、死亡和生存意义的探索等。

2. 大学人文精神的主要表现

人文精神是一所大学的特色、支柱和灵魂,是在大学的长期发展中逐步形成的。不同的大学有不同的人文精神,但就其共性而言,主要表现在如下几个方面:

(1) 追求真理,严谨求实。大学以传承、整理和创新知识为己任。大学是知识的集散地和创造源。社会上的先进文化来源于大学。大学要不断提出新思想、新理论、新体系、新方法,探求未知世界、求证事物本质。大学必须留下"上下求索"的烙印,必然把追求真理、坚持真理、捍卫真理作为自己的旗帜。

爱因斯坦说过一句话:"我没有特别的才能,只不过是喜欢穷根究底罢了。"美国的"氢弹之父"泰勒进实验室都要问问题,每天至少提 10 个问题。但是往往有八九个问题是错的,而他的伟大创造就是在那一两个问题上。20 世纪最伟大物理学家之一的玻尔说了一句话:"没有愚蠢的问题。"所以各位同学要勇敢地提问题,不要怕别人笑你。没有问题是没有创造的。这应该成为我们大学文化内涵很重要的一部分。2 500 年前提了个问题,世界是怎么组成的,这就标志着自然科学的开始。自然科学的开始是从问题开始的。

剑桥大学校长理查德指出,大学是追求真理的,要培养独立的大学精神,营造自由的学术氛围。哈佛大学的校训是一个字:truth(真理,有人把它译为:让真理与你为友)。追求真理,而不迷信权威。大学文化是追求真理的文化、严谨求实的文化。

哈佛大学校长讲了一个事情。说他做校长时,一位刚进哈佛的新生对他说:"我一直在跟踪你的数据,你的数据有错误。"一个新生可以对校长说"你错了",这就是哈佛的文化:思想胜于权威。如果一个大学拥有这样的文化,那它就有可能成为世界一流大学。

耶鲁大学校训:light and truth(光明与真理)。胡锦涛主席于 2006 年 4 月 21 日在耶鲁大学演讲时说:"耶鲁大学校训强调追求光明和真理,这符合人类进步的法则,也符合每个有志青年的心愿。"

大学的活动主要是进行人与自然、人与宇宙、人与规律、人与逻辑、人与道德、人与社会、人与命运的思辨和对话,这种思辨与对话本身就是一个严谨的学术过程。大学文化鄙视浅薄、浮躁、虚假、急功近利和随波逐流,崇尚严谨、逻辑、实证、经验,崇尚脚踏实地、一步一个脚印地艰苦攀登和勇于探索。

（2）追求理想抱负。理想是人生导航的灯塔。每个人都应该有自己的理想。有的人拥有成为科学家或文学家的鸿鹄之志，有的人只是希望做一名普通工人，有的想做一名教师。而你到了大学，是你思想成熟的时候，是你为自己进行人生规划的时候。你可以在大学期间为你的理想而奋斗。

理想是沙漠中的绿洲，是暗夜里的灯光，是吹响生命的号角。理想一般都是有一定的事实依据，它催人奋进，给人以动力。只要经过奋斗，就有可能实现。但幻想则是一种"不着边际的胡思乱想"。它使我们脱离生活，脱离实际，浪费时间，自然于事无益。当你踏入大学的门槛，你的意识就上升了一个档次，就不再是原来稚气的理想、肤浅的认识。当你进入了大学的门槛，就得不断深化自己，周恩来总理读书时的理想是：为中华崛起而读书。当代大学生要以周总理为榜样，树立高远志向，历练敢于担当、不懈奋斗的精神，具有勇于奋斗的精神状态、乐观向上的人生态度，做到刚健有为、自强不息，为实现中华民族伟大复兴的中国梦而读书。

（3）崇尚学术自由。学术活动是大学存在的基础和核心。大学文化拒绝一切思想观念和教条的禁锢与束缚，不唯上，不唯书，只唯实。大学文化始终强调独立人格、独立思考、独立判断，要求在自由的氛围中进行学术的理性思考和研究，在开放的环境中实现科学的创新和发展。耶鲁大学校长说："只有自由探索、自由表达，才能真正发掘人类潜能。"斯坦福大学校长卡斯帕尔说，要发挥学术民主，广泛听取教授们的意见。斯坦福的校训是"让自由之风吹拂"。享誉世界的美籍华裔物理学家丁肇中博士是 40 岁便获过诺贝尔物理学奖的学者。他对于学术自由的体会之一是，不要盲从专家的结论。体会之二是，做基础研究要对自己有信心，做你以为正确的事，不要因为大多数人的反对而改变。体会之三是，要对意料之外的现象有充分的准备。体会之四是，进行国际科学合作时，要选科学上重要的题目，引起参加国际科学家最大的兴趣，同时对贡献最大的国家，要有优先的认可，才能获得他更大的支持。体会之五是，要实现自己的目标，最重要的就是要有好奇心，要对自己正在做的事情感兴趣，并且要勤奋地工作。

（4）培养高尚道德。道德就是做人的规矩，是用来调整人与人之间、个人与社会之间相互关系的行为规范，是一种精神财富、无形的东西。一个人道德的高尚，主要看他是不是诚实、守信，有无崇高的人格，是否得到别人的信赖和支持。除此以外，还有勤劳和对待金钱的态度等。自古以来，真正有骨气的人，他的德行一定很高，源于他们自身相信"男儿当自强"，相信自己的双手去劳动、去创造、去获得财富，他们的成功就是从自己的道德开始。2005 年教师节的时候，温家宝总理引用了陶行知的话：千教万教，教人求真，千学万学，学做真人。大学是人格养成的地方，是理性和良知的坚守，是人文精神的摇篮，对大学人价值观念、道德情操、思想内涵和行为模式的形成和发展起着较深的影响。健康积极、丰富多彩的文化活动对大学人的品性形成具有渗透性、持久性和选择性，提高人文道德素养。

（5）具有强烈批判精神。大学就要学习知识，在学习过程中不断积累，不断丰富，大胆质疑，学习知识、继承传统需要批判鉴别，去粗取精，去伪存真；学术交流、文化交融需要提出自己的观点，对他人观点进行质疑，在正确与错误、批判与反批判中寻找正确的答案。创新知识、追求真理，需要不断批判他人和自我，不断超越他人和自我。只有这样，才能在批判中提高自己，使自己的思想不断升华。

3. 大学人文精神的价值

大学是人类的精神殿堂，是探求学问、追求真理和终极关怀的地方。大学是人所创造的，大学又影响着人的成长。人文精神是保持一所大学相对独立性和超越性必不可少的文化因素，也是大学保持永无止境精神追求的内在动力。而且高等教育大众化的宗旨之一是通过造就更多拥有较高文化品位的社会成员，全面提高民众的文化素养。因此，人文精神教育不仅应当成为大学内涵建设的一项中心任务，还应当成为大学内涵建设的首要任务。

大学文化中的人文精神具有诸多价值，不同的学者从不同的视角进行了概括总结，大学人文精神的主要作用表现在以下方面。

（1）大学人文精神在人才成长方面的作用。大学人才培养的根本目标是立德树人。社会修养大学培养个性与人格健全发展、具有过硬专业素养和创新能力的人才，是我们通常所说的"德才兼备"人才。

第一，大学人文精神有利于培养大学生高尚的道德情操和健全的心理人格。大学时代是人生成长的拔苗孕穗期。在学生的成长过程中，大学的人文精神对学生有着较大的吸引力和感染力。大学的人文精神能够对学生的身心成长发挥良好作用，能调节和激励学生思想行为的进步，帮助他们完善自身人格，并提高自身思想道德素质。优秀的大学人文精神，可以对大学生进行思想引导、情感熏陶、意志磨炼和人格塑造，有利于全面提高大学生的综合素质，对学生形成正确的世界观、人生观、价值观发挥积极的引导作用。

第二，大学文化的人文精神有利于提升教师队伍在教书育人过程中的责任感。作为高校教师，最重要的就是要爱生，即以高尚的人格和优良的师德去感染学生，以满腔的热情与和蔼的态度去帮助学生，以丰富的学识和严谨求实的精神去引导学生,以博大的胸怀和具体的行为去关爱学生。

(2) 大学文化的人文精神在高校发展方面的作用。大学文化的人文精神是高校增强自身发展能力和核心竞争实力的重要源泉。大学的核心竞争力,指的是大学在长期办学实践中不断积累而形成的蕴含于学校内在品质中为大学所独有的,使得大学在可持续发展中保持竞争优势的核心能力。

大学文化的人文精神是高校增强教师吸引力的重要因素。1931 年 12 月 2 日,梅贻琦在清华大学校长就职演讲中提出"所谓大学者,非谓有大楼之谓也,有大师之谓也"。即如果一所大学不能吸引一批具有行业高水平的学者,这所大学很难称为高水平,也难以被世人所认可。大学要吸引高水平学者,除了物质条件之外,更为关键的是学术氛围、文化环境,这些往往是蕴藏于大学文化的人文精神之中。只有真正尊重知识分子,重视大学学术软环境的建设,才能吸引人才、留住人才,真正的学者对施展自身才能的舞台的渴求要远大于对物质利益的追求。留住了优秀的学者,自然会有被优秀学者吸引的优秀学子前来求学,而优秀的学者及学子会带动学校学术氛围的良性发展,使得学者更愿意留在学校,从而促使学校在人才培养方面形成良性循环。

大学的人文精神也是大学扩大社会影响力的重要手段。大学的社会影响力是指大学在办学实践过程中通过其办学理念、人才培养、学术研究等对社会产生影响的大小和程度。大学的社会影响力是大学生命力的标志,并与其生存空间和发展前景成正比。社会影响力大的大学往往能在招生中占得先机,而以大学精神为核心的大学文化对大学的社会影响力起着十分关键的作用,在当前社会,以人为本的育人环境往往成为大学核心竞争力的关键。

(3) 大学文化的人文精神在社会发展中的作用。重视人文精神是众多思想家反思人类历史进程的经验教训后的理性选择。随着社会的进步和发展,人们越来越关注对人的根本问题的认同和思考,大学在关注人在现实社会中的境况与地位,构建人的精神与文化价值观念方面有着独特的作用。大学是科学精神浓厚之地,在历史上科学曾扮演着人性解放的重要角色。但是随着现代科技文明迅速发展带来的社会危机,是文化失衡所导致的,缺乏了与科技发展相适应相制衡的精神力量。当前的大学人文精神构建,在鼓励追求知识的同时注重情操的提高、文化生活的丰富,这种人文精神的构建是素质教育要求的必然。这种对未来公民人文素质的培养,可以提高整个民族的文化素质与文化品格,进而塑造文明、开放、民主、进步的民族精神。

五、当前大学人文精神的缺失及原因分析

大学文化中的人文精神具有重要的价值，然而当我们审视现实情况时，却发现我国大学的人文精神在很大程度上是缺失的，其中的原因是复杂的。

就历史上来看，我国近代大学起步时，正是国家面临内忧外患之时，其直接表现在科技水平远远落后于世界。因此当时大学的重点在于推进中国科技水平的提升。从清末至民国，以富国强兵、学习西方科技为宗旨，大学教育一直带有很强的现实主义色彩和重理轻文的倾向。在新中国成立以后，中国面临着复杂的国内国际形势，教育要服务于工业化的目标，为此按照苏联模式建立起新的高等教育制度。在经历了院系调整后，中国大学纳入了苏联模式的高度集中计划和专才培养模式，教育计划与国民经济计划密切联系，教育的重心放在与经济建设直接相关的工程和科学技术教育上，大学文化中的科学精神受到重视，而相应的大学文化的人文精神却被忽视。

伴随着 21 世纪知识经济时代的到来，大学的学科都被拿来审视该学科的知识具有什么样的实用价值尤其是经济价值，科学由于可以直接转换为社会生产力，其被赋予了极高的价值，艺术、文学、历史这些本应体现更多个人情感与感悟的学科逐渐被工具化，成为服务功利需求的知识、技能，而不能被有效工具化的学科往往面临着取消的风险。大学文科的式微导致大学人文教育式微，大学文化的人文精神被视为可有可无的，处于弱势的边缘地位。当前，无论教育者还是受教育者，都以实际利益的眼光来看待大学教育，将大学教育看作是就业的准备或者是智力投资的过程，甚至鼓励教育全盘产业化，完全用市场经济运行的方式发展高等教育。在教育产业化思想的支配下，教育紧密地向经济价值倾斜，而那些对培养大学人文精神有益却与市场效益没有直接联系的人文学科和专业得不到认可。在教育产业化的过程中，大学校园及其周边的商业气息日益浓厚，开辟第三产业创收，以营利为办学目的，使得大学成为培养专业技能知识的场所，失去了本应具有的塑造完美人格、高尚情操的新时代公民的人文关怀。

除了当前社会功利化倾向的影响之外，在具体教学过程中，大学教育始终存在着重专业、轻基础，重智育、轻德育，重知识传授、轻人格培养的现象。就教师层面而言，教师在自身本科、硕士、博士求学阶段，面对严苛的求学压力往往将大量的时间和全部精力放在专业发展上，由此成为专业领域的"专家"，但是专业素养不代表人

文素养。而当前高校的量化考核中,迫使教师在教学过程中轻德育、重智育,教师更多关注学生对知识、技能的掌握情况。社会层面功利思想影响下的学生往往注重对实用技能知识的学习甚至热衷于"考证",将学习局限于过窄的专业之上,忽视了自身人文素养的提升。实际上,学生层面的功利思想不仅导致了大学人文精神的缺少,而且真正的科学精神也被淡化。学生重视能够产生直接效用的技能而忽视了严谨、求真的科学精神,缺乏严肃认真的学习态度。

大学文化中人文精神缺失,对于大学自身以及作为个体的师生都造成了不利影响。

第一,从大学自身发展的角度看,人文精神的式微使得大学发展走向偏离正确轨道,大学文化批判精神丧失,文化创造力衰竭。大学教育强调专才培养,重视科学技术与实用知识教育,忽视了人的道德教育和文化素养的提高。高校实现立德树人的目标,需要依赖于高校文化中人文精神的涵养。当前大学普遍强调能力的培养,这本质上是强调技术化的能力,是远离人的心智发展主旨的能力。当前大学一味迎合社会上的需求,过分紧密地与市场经济相联系,导致大学主体性的丧失和大学理想的衰落,失去了作为"象牙塔"的相对独立性以及自身所肩负的人类文化传承的使命,不加选择地任由社会风气在校园内传播,丧失了其文化批判精神,大学提高国民人文素质、改善社会风气的作用降低。文化批判精神的缺失,不可避免地导向了文化创新能力的衰退。为了服务市场经济,大学忽视了人文学科及其教育,不可避免地引导大学文化人文精神的旁落,大学文化整合与创新能力逐渐下降,失去了大学分析与解决社会问题的能力,缺少了对于人类社会的终极关怀,大学服务于社会精神文明建设的能力衰退。

第二,大学人文精神的缺失,使得大学的人才培养、学术研究等主要功能不能正常发挥。从人才培养的角度来看,大学人文精神的缺失,使得学生理想信念模糊。"才者,德之资也;德者,才之帅也。"这句话既是 2018 年 5 月 2 日习近平总书记在北京大学师生座谈会上发表的重要讲话,也是引用的司马光《资治通鉴》中的名言。习近平总书记指出:"人才培养一定是育人和育才相统一的过程,而育人是本。人无德不立,育人的根本在于立德。这是人才培养的辩证法。"在功利主义教育影响下,大学生思想道德标准出现偏差,理想信念模糊,只重视眼前利益而不顾长远发展,价值取向功利化,价值目标短期化。与此同时,学生缺乏作为公民对社会的责任感与使命感,进而也就缺失了爱国情感。学生在价值取向上以自我为中心,无视他人正当权益。从学术研究的角度看,除了人文学科因人文精神被忽视而边缘化、技能化之外,自然科学领域的研究一旦脱离了人文精神的制约,往往导致各种危机。

六、新时代大学人文精神的培育

党的十八大以来,习近平总书记高度重视教育事业,对于高等教育提出了很多真知灼见。总书记对教育工作"培养什么人、怎样培养人、为谁培养人"这一根本问题的深谋远虑和高瞻远瞩,对于加快推进教育现代化、建设教育强国、办好人民满意的教育有着深远意义。"培养什么人、怎样培养人、为谁培养人"这一根本问题的解决,呼唤着大学文化的人文精神的再造与回归。这就需要系统地进行建设,主要可以分为以下几个方面。

1. 树立以人为本的现代教育理念

大学教育理念是大学的理想和追求,决定着大学的教育方针与办学方向。高等教育的根本目的是促进人的全面发展。面对大学人文精神缺失的现状,大学应该改变以往片面以"实用理性"为导向的教育理念,树立以人为本的教育理念,注重培养师生的人文精神,坚定师生的理想信念,培养师生的道德情操,提升师生的思想境界,增强师生的责任感与使命感。

以人为本的教育理念,需要大学牢牢把握"人才培养"这一重要的责任和使命,确立学生的中心地位,将科学教育和人文教育有机结合起来,真正做到关爱学生、体贴学生、了解学生、尊重学生、理解学生,从而建立良好的师生关系、校生关系,使得学生能够体会到理解与信任,进而引导学生能够正确处理人与人、人与社会、人与自然之间的关系,注重培养健全的人格、高尚的道德以及远大的理想。

每一所大学有着不同的历史与文化,但在当前的实践过程中,千校一面的情况越来越突出,很多高校都希望成为综合性、多学科、研究型大学,无视自身历史与文化,这是大学人文精神衰微的重要表征。在办学定位上,每一所大学都应注重明确自身的办学理念与办学特色。"办成什么样的大学,如何办成这样的大学",既是大学办学的基本方向,也是大学文化特色的本质。只有精准地定位,持续不断地耕耘,才能逐渐积淀形成富有自身鲜明特色的大学人文精神。

当前世界著名学府哈佛大学在建校之初不过是一所普通学校,它的真正崛起在于,美国南北战争后对自身办学理念的精准定位与不断更新。1869 年,查尔斯·埃利奥特担任哈佛校长后,提出哈佛的教育要培养适应个性发展和社会发展的"完整的学生",将办学重心由宗教性学科转向与社会发展息息相关的学科,创立了自由选课的制度。当 1933 年康南特成为哈佛校长后,他提出"教育首先是培养对民主社会负责的公民"。办学理念在继承基础上的与时俱进是哈佛大学能够在全球高校中享有盛誉的重要原因。

2. 完善大学教育体制机制

大学教育工作者在人才培养方案制定环节,需要理顺通识教育与专业教育之间的关系,在精深专业知识的同时培育学生基本的人文素养,进而培养学生的人文精神。根据学科不同特点,重视包括文化素养、专业素质、道德品质等在内的全方位的素质教育,避免将教学过程简单化、功利化。

大学文化中的人文精神在很大程度上源于哲学社会科学,哲学社会科学课程在培养塑造学生世界观、人生观、价值观过程中发挥着不可替代的作用。思想政治理论课作为新时代高校思想政治工作的主渠道主阵地,关系高校培养什么样的人、如何培养人以及为谁培养人这个根本问题。思政课不是简单的知识传授课程,更重要的是要价值观引领,帮助学生树立正确的"三观治"。要使思政课入脑入心,必须要坚持内容为王,需要在整体性、专题式、研究型教学上下功夫。整体性就是把四门大课作为一个整体,围绕思政课的教学目的来设计教学模块。这样既可以保证每门课程的完整性,又可以有效地避免不同课程之间的重复,初步实现教材体系向教学体系的转化。在此基础上根据四门课各自的教学目的和要求,将教学模块进行细化,设计相关教学专题,实行专题教学。

除了思想政治理论课之外,其他人文学科也在大学人文精神塑造过程中发挥着重要作用。以历史学科为例,"欲知大道,必先为史",历史学科在加强大学生爱国主义精神方面发挥着不可替代的作用。通过学习中国古代辉煌灿烂的文明史,无疑会增强学生作为中华儿女的自信心与自豪感;学习中国近代异常屈辱的苦难史和波澜壮阔的革命史,可以增强学生奋发图强的危机意识。

在市场经济大潮的冲击之下,大学文化中人文精神的弘扬必须始终坚守大学自身的文化品格。1996 年,牛津大学工学院通过投票否决了沙特富翁捐款在牛津建立"世界级工商管理学院"的建议。牛津大学之所以做出这样的决定,是因为他们认为教育是学生对公众服务,而不是为了赚钱。

重视人文精神的培养,不仅仅是开设一些人文社会科学课程、建设人文社会科学的学科和专业,更在于大学能否形成正确认识和看待人与人、人与社会、人与自然的关系,是否形成了符合时代要求、奋发向上、脚踏实地的良好精神风貌和舆论导向。这就对大学的管理者提出了更高的要求,以大学校长为例,在此过程中要充分发挥自身的独特优势,始终坚持人文关怀,关注个体对生存状况的需求、拓展个体发展的空间、帮助个体走向幸福,与师生员工共同推进学校人文精神的弘扬与革新。

3. 重视培育教师的人文精神

教育是教育者与受教育者互动的过程。大学教育的主体是人,是教育者与受教育者有机统一,双方无论任一缺失都会使得大学难以为继。教师的素质不仅代表着大学的核心竞争力,同时也是大学人文精神培育的关键所在。只有教育者自身具备良好的人文精神及素养,才能将其在潜移默化之中传递给学生,大学人文精神的弘扬必须要以提高教师的人文精神为前提。

古往今来,教师始终是社会良知的中坚力量,特别是大学教师往往具有强烈的社会责任感和使命感。在当前市场经济冲击之下,需要大学教师队伍能够始终坚持追求真理的高尚品德,肩负起自己应有的道德责任,通过自己的内在涵养去影响学生。

大学教师作为人类文明的传承者,在传承文化的过程中需要追求精神的独立,通过独立的反思和批判,为社会的发展提供理论、精神和道义的支持。面对社会上的丑恶现象,要敢于开展理性批判,向学生传递正能量,帮助学生树立正确的世界观、人生观、价值观。

教育者能够开展理性批判的前提在于,教育者自身具备较为良好的人文素质以及相对健全的人文精神。孔子曾经说过,"学而时习之,不亦说乎""朝闻道,夕死可矣"。孔子对于知识孜孜不倦的追求,恰恰是当前大学教师队伍所应学习的。大学教师的人文素养的提升与人文精神的形成依赖于不断地学习人类文明的成果,更好地把握人生的意义所在、社会发展的总趋势,以及教育自身发展的规律。在这样不断学习提高的过程中,大学教师能够增强对受教育者的驾驭能力,更好地将教育的目标聚焦于对学生主体价值和生命意义的关怀上,进而向学生传递人类文明的成果。教师不断学习的过程,也能够促使大学教师重新审视自己的职业,认识到教育事业不仅是"谋生之道",还是实现个体生命价值乃至社会价值的有效途径。

4. 重视校园文化的建设

校园文化是学校发展和教育实践的产物,是教师和学生在特定环境中所创造的一种与社会时代密切相关,具有特色的人文氛围、校园精神和生存环境。高校校园文化作为一种有别于社会整体文化和其他文化现象的组织文化,是一种无形的课程资源。它以其浓郁的学术气氛,严谨、求实的学风和生动活泼的精神风貌而无时无刻不在影响着学生。英国著名学府剑桥大学没有围墙,院系散布在全城各处,与剑桥镇完全融合在一起。正是其开放的校园文化使得剑桥大学成为全球学子的"圣地",开放的校园文化氛围促使科学与艺术的交融、生活与情趣的贯通。

　　大学传统中特有的人文关怀、儒雅氛围、书卷气息、科学精神以及经过长期发展而形成的校风、校训,是校园文化和大学精神发展的基础。校园文化作为一种显性文化,是大学精神的外延,人文景观和生态环境可以使得学生的身心得以舒畅,自由的学术氛围可以增强学习的人文导向,丰富的校园文化艺术活动可以陶冶学生的情操。大学应在传承校本传统文化的基础上,结合时代精神和社会发展,积极发展校园新文化,创造校园文化新气象,从而促进大学文化中人文精神的丰富与发展。

　　国家的兴衰与大学的兴衰是紧密相关的,"软实力"的重点就是大学的兴衰。在当代,没有众多的高水平的大学就不可能成为世界级大国,没有一批世界级大学就不可能成为世界级强国。历史反复证明一个真理,世界级大学是在竞争中拼搏出来的。凝聚着深厚的文化底蕴的大学人文精神是大学核心竞争力之所在,是大学赖以生存、发展、办学和承担重大社会责任的根本。党的十九大报告中指出:"建设教育强国是中华民族伟大复兴的基础工程,必须把教育事业放在优先位置,加快教育现代化,办好人民满意的教育。要全面贯彻党的教育方针,落实立德树人根本任务,发展素质教育,推进教育公平,培养德智体美全面发展的社会主义建设者和接班人。"社会主义新时代,培育与发展大学文化的人文精神,对于完成高校肩负的立德树人的根本任务,带动国民综合素质的提高具有十分重要的意义,是建设教育强国的必由之路。

参考文献

[1] 周远清,季羡林.中国大学人文启思录(第一、二卷)[M].武汉:华中理工大学出版社,1996.

第八章　家庭文化的人文精神

每一个人都会有自己的个性，每一个家庭都会有自己的家规、家风、家庭文化。每一个国家和民族也会有自己的国民性和民族精神。每个社会对于自己社会成员的恋爱婚姻、家庭经济、养育子女、家庭关系等，都有其社会认可的态度及行为方式，这就是社会科学家所称的家庭文化。不同社会、同一社会的不同发展阶段，会有不同的家庭文化；同时在同一社会中，每个家庭由于其所处的社会阶层及环境等不同，也各有其独特的文化。个人处在家庭中，学习家庭角色吸收家庭文化，渐渐养成特殊的能力，衡量自身家庭文化在社会整体文化中的地位，这是个人社会化的过程，也是个人形成独特人格特征的过程。作为家庭的习性和文化，家风是附丽于家庭而存在的，只要有家庭，就会有家风。在本文中，家庭文化和家风是在同一意义上使用的。

中华民族有着悠久的历史和灿烂的文化，家庭文化也是博大精深的，家庭文化中的人文精神也是极其丰富的，是人类文明的宝贵财富，自古至今起着重要的作用。

一、家庭文化的概念及作用

每个人都来自一个家庭，他的容貌、性格、行为风格等，都会带上自己家庭的烙印。我们常常说某个人有家教，或者没家教，某个人来自书香门第，某个人属于某某家族等，都表明个人的成长乃至荣辱兴衰都和他的家庭、家族及其文化等有着某种不可分割的联系。

1. 家庭文化的概念

那么，什么是家庭文化呢？家庭文化是指家庭价值观念及行为形态的总和。家是家庭各成员通过完成家庭角色的扮演，共同经营组建而成的。而在此过程中，家庭中每个成员的思维习惯和行为习惯相互碰撞、磨合、传承和发展，形成的一种对整个家庭有着重要影响力的环境和氛围，也就是家庭文化。家庭文化的塑造者是家庭的每个成员，主要是夫妻双方。

　　家庭文化的最大受益者或受害者是家庭的每一个成员。可以说,有什么样的家庭文化就会有什么样的家庭成员,家庭就会有什么样的未来和结果。一个良好的家庭文化对保持家庭发展的生命力与稳定的持续力起着积极的推动作用。夫妻恩爱,相敬如宾,孩子茁壮成长,家庭学习氛围很浓,创造力很强,且与邻里、学校、社会等关系和谐,这样的家庭就会和谐,这样的家庭成员就会感到幸福,这样的家庭就能快速发展,这样的家庭就具有持久的生命力,而且还会在整个家族的发展中起到不可估量的作用。反之,消极、不健康的家庭文化会使这个家庭很糟糕,夫妻频繁吵闹、打架,有信任危机,生活混乱,邻里、学校、单位的关系不和谐,甚至很恶劣,家庭成员就会严重缺乏安全感和幸福感。试想,这样的家庭文化会使这个家庭走向何方？其结果可想而知。人无精神则不立,国无精神则不强。同样地,家庭文化也会影响每一个家庭成员的人生走向,对家庭成员的发展起着促进或者阻碍的作用。

　　2. 家庭文化的特点

　　家庭是社会组织的细胞,是组成社会的基本单位。家庭文化有不同于其他社会组织的独特之处,主要表现为以下几个方面。

　　(1) 历史性。家庭文化的形成、发展和所起的作用一般需要长久的时间。从组建一个小家庭开始,结婚、生子、教育、生活、子女离家建立新的家庭等,往往需要几十年的时间,甚至往前可以追溯到一两代或更多代父辈及祖祖辈辈;往后可以影响一两代或十代、几十代或更久远的子子孙孙。从几十年、几百年到几千年都会产生深远的影响。我们常说的汉民族、中华民族、华夏儿女等都是从家庭、家族等来说明海内外中国人都是一个大家庭。

　　家庭文化作为家人需要遵守的规范或法度,作为父祖长辈为后代子孙所制定的立身处世、居家治生的原则或教条,绝非一朝一夕之功,需要有一个漫长的过程。作为特定家庭的习性,我们可以将家风看作一个家庭的文化、一个家庭的传统。这样的文化或传统是一个家庭在长时期的历史过程中逐渐沉淀的结果,是一辈又一辈先人生活的结晶。没有经过较长时间的过滤和沉淀,就形成不了传统。在《论传统》的作者希尔斯看来,"它至少要持续三代人——无论长短——才能成为传统"。尽管世代本身的长短不一,但"信仰或行动范型要成为传统,至少需要三代人的两次延传"。在我国的历史文献中,"家风"或者与"世德"共举,或者与"世业"并称,足见家风有别于时尚,与"世"即很长年代、好几代人紧密关联。正是在这个意义上,历史文献中提及"家风"一词,往往蕴含有对传统的继承意义,如"不坠家风""世守家风""克绍家风""世其家风"以及"家风克嗣"等。可见,家庭文化的形成、发展和作用是一个历史发展的过程。

（2）稳固性。一个家庭的文化一旦形成后就会很稳定。所谓夫唱妇随、打仗父子兵、打虎亲兄弟、折断骨头连着筋等，无不表明家庭文化的稳固性。因为家庭文化是一个家庭世代所营造和发展而成的，得到了所有家庭成员的认同，其中主要认同的是价值观和行为方式。稳固的家庭文化是家庭稳定的基石，是家庭的基因，是营造家庭氛围的主要因素，是教育后代子孙的精神资源，因此，一旦形成其作用就会持久。

（3）传承性。每个家庭都有各自的家庭文化，世界上几乎很难找到两个具备相同家庭文化的家庭。一个成年人要融入另一个家庭的家庭文化需要付出巨大的努力和足够的时间，甚至根本没法融入。家庭文化一旦形成，就会一代一代地传承下去。家庭文化会对家庭成员产生广泛而深远的影响，涉及每个人的成长、性格、价值观、职业以及家庭氛围，甚至影响到人的身心健康。

家庭文化的传承性很大程度体现在家庭成员的生活作风上。生活作风可以分为价值认同与生活方式两个方面，这两个方面并不能完全割裂开。价值认同是生活方式的思想指引，生活方式是价值认同的表现形式。价值认同是家庭文化得以传承的基础，家族的世世代代都认同祖先的价值观，才会践行那样的生活方式。比如，著名的绍兴周家、无锡钱家、义宁陈家，都向后代传递了一心向学的文化素质，他们在精神上相对富有，他们在人生的道路上，似乎就有着更令人羡慕的起点，他们的后代也从先人的身上继承了这些美德。

（4）榜样性。家庭文化对子弟族众的影响，既有尊长的"言传"训教，其表现为针对具体事情的口头训教，或者表现为成文的家训族规，也有长辈的"身教"，即日常生活中以身作则、以己示范的"不言之教"。这样日积月累，积渐既久，一个家庭就会形成迥异于其他家庭的独特风习。这就是家风，也就是这个家庭的家庭文化。

家风作为一个家庭或家族共同认可的价值观，它的提出必须具有权威性和典范作用，亦即"榜样性"。中国古代传统家庭往往不是孤立的，存在于宗族之中，日常行为受到族约的限制。族约的制定通常是由族内德高望重的长辈商讨所得，里面蕴含了这些长辈日久经年的为人处事哲学，也兼顾了社会风潮和公平、正义。这样的族约无论是否以文字的形式出现，都有很强的"法规"性，家族内部成员出于对长辈的尊重和信任，会无条件地执行并延续下去。

（5）创造性。文化从来不是一成不变的，而是伴随着历史的进程，随时发生着或快或慢的、时显时隐的、这样那样的变化。有时候是文化的内在特质发生变化，有时候是外在表现方式发生变化，还有的时候是人们对特定文化的阐释和解读发生了变化。家庭文化也会随着时代的变化而变化，这就是家庭文化创造性的一面。近代家风的创造性主要表现为"红色家风"的诞生和发展。"红色家风"是老一辈无产阶级革命家和各个时代的优秀共产党人在长期革命实践、社会主义建设和改革开放历史进程中形成的家庭风尚，是中国共产党人精神和优良传统的重要组成部分。习近平总书记指出："在培育良好家风方面，老一辈革命家为我们作出了榜样。"他还指出，特别是各级领导干部要带头抓好家风，继承和弘扬革命前辈的红色家风，向焦裕禄、谷文昌、杨善洲等同志学习，做家风建设的表率。如毛泽东同志在家风上坚持三条原则："恋亲不为亲徇私，念旧不为旧谋利，济亲不为亲撑腰。"周恩来同志曾专门召开家庭会议，并定下不谋私利、不搞特殊化的"十条家规"。朱德元帅的家风是：立德树人、勤俭持家。他家的家规有三条：一不许使用他的小汽车；二不许以他的名义去办事，特别是亲友相求；三不许讲究吃、喝、住、玩，不许追求享乐主义。

　　3. 家庭文化的作用

　　家庭是社会的有机组成部分，家庭的稳定和健康发展，对社会的稳定和发展有着重要的影响。在中华文明中，家庭的文化功能尤为重大。因为这个文明的主导性价值学说即儒学，曾经把家庭这个最小的社会单位，当成了培植与操演仁爱之心的最初场所，从而将家庭文化当作了体现全部社会价值的基点。

　　家庭文化的表现形式是多种多样的，如家规或家教是有形的，是可视可见的：它要么是行于口头、目的明确的谆谆训诲，要么是载诸家谱、可供讽诵的文本。相对而言，家庭文化则看不见、摸不着，以一种隐性的形态存在于特定家庭的日常生活之中。家庭成员的一举手、一投足，无不体现出这样一种习性。这也就是说，家庭文化对于子弟族众的影响是耳濡目染、潜移默化地发挥功用的。

　　中华民族历来重视家庭教育。中国古代以农立国，家庭不仅具有生产和生活的功能，而且具有突出的教育功能。子女在家学私塾中、在父母的言传身教中完成教育，家教文化成了中华民族特有的一种文化现象。在中国家庭教育史上，不但出现了"孟母断机""岳母刺字"这样的教子有方的楷模，而且许多名人、许多家族都立有家戒、家训、家规和家范，在儒家修身、齐家、治国、平天下的序列中，家起着枢纽性的关键作用。它强化着个体的修身，也筑实了治国、平天下的基础。因此，古人非常重视对家的维护与建设，注重对子弟族众的教育。家不只是一个人最初物质生活资源的供应者，更是其精神养分的提供地；不只是一个人最初的知识和生活常识习得的场所，更是形塑其行为举止、礼仪规范、道德境界的熔炉。

二、家庭文化的人文精神

所有的文明都不约而同地把"家庭"这个基本社会组织当作了最小的文化单位，并且基于这个最小的社会细胞，发展出了更为复杂的机构与形态。这显然反映出，建立在血缘基础上的家庭至少在迄今为止的历史中，具有普适性的社会价值。也就是说，尽管也会有各种各样的变体，但是从宏观的视角来看，作为社会组织的家庭，却是经过了千百万年的试错，应着共通的人性与社会需要，而并无例外地逐渐创化出来的。

家是最小的国，国是千千万万家，家国两相依。先修身、齐家，才能治国、平天下。家庭文化作为我们中华文化的重要组成部分，有着丰富的人文精神，千百年来，起着教育人、塑造人等以文化人的重要作用。家庭文化的人文精神主要表现在以下几个方面。

1. 耕读传家

儒家耕读传家思想发端久远、绵延悠长并持续地影响着中国社会。耕读传家一度成为几千年男耕女织的农村家庭所追求的一种世外桃源似的理想画卷，至今也发生着现实的影响。

耕读传家思想的内涵①，一是勤于耕作。"民生在勤，勤则不匮。"（《左传·宣公十二年》）"勤"体现在辛勤耕作上，形成一种"育勤于耕"的优良品质。唐代大诗人、大文豪韩愈特别赞扬勤劳耕作，在《昌黎文集》卷三十中有"非其身力，不以衣食"的高论。清代纪晓岚在家书中直书，农夫稼穑是天下衣食之源，不要轻视耕作。曾国藩传世家风提出把"耕"和"读"作为治家根本，流风后世。

二是忠孝观念。耕读传家蕴含着儒家对国家"忠"和对双亲"孝"的伦理教育。我国古代社会利用君君臣臣、父父子子的人际关系来联络亲族。其中，君与臣的关系和父与子的关系最受推崇。父子关系要求子女对双亲要尽孝道，言听计从，生养死葬。君臣关系要求百姓对皇上要尽忠心，无条件服从。"忠孝"作为封建道德在2 000多年的历史长河里一直是维护家国同构社会的不二律条。

三是精神追求。中国传统农耕文明下，耕读传家传统的延续，不论对农民之家还是官宦显贵之家，无疑都是默认的正途成人之理念。《孟子》中所谓的"独善其身"

---

① 张连文.古代耕读传家思想的内涵与现代价值指向[J].文化学刊,2018(12)：19-21.

的训诫其实就是选择了一种耕作、读书两不误的田园般的生活方式。到了汉代,扬雄在《法言》中说,道德可以从耕种渔猎生产实践中得来。宋代以后,在经济中心的江南地区,亦耕亦读成为中国南方人家颇为流行的持家之道。

耕读传家深远地影响着华夏社会,成为传统家庭的美好品行,影响着家庭的平和安乐和长足发展。其蕴含的勤劳坚强、知书齐家的道德品质,不仅在完善个人道德修为上作用巨大,而且成为协调家庭和社会良性关系的纽带。

山西陈氏家族是典型的耕读之家。陈氏的始祖陈靠就是以牧羊耕田为生。在陈氏的祖祠中,供奉着陈氏始祖陈靠的画像,是牧羊人的打扮装束,手里拿着放羊的鞭子。这说明陈氏家族不以农耕、牧羊为低贱,因此他们始终保持着"耕读"并举的家风。从始祖陈靠、二世陈林、三世陈秀、四世陈珙、五世陈修、六世陈三乐、七世陈经济,发展到八世陈昌言、陈昌期、陈昌齐弟兄三人,经过了8代300年的辛勤耕稼历史,成为方圆百里的富户巨族。到了非常兴旺的阶段,他们仍然不敢放弃耕读传家的本色。

陈氏先祖非常重视读书,屡屡勉励后人勤读诗书,书攻万卷未为多。陈氏族人都是先读书,力争考取功名,实在考不上,就从事农耕生产,并且亲自参加生产劳动,半耕半读。陈氏族人即使不求取功名,也以读书为乐,诗酒自娱,所以陈氏家族出现了众多的诗人,有作品流传到今天的就有33位之多,其中还有两位女诗人。

中国传统文化历来注重门楣家风,讲求言传身教、耕读为本、诗礼传家。即使山野村夫也会在教育子女勤劳耕作的同时,千辛万苦给子女提供读书的条件,希望子女有朝一日金榜题名,为家族争光,为社会贡献力量。耕读传家的人文精神被世世代代的家庭文化代代相传,使这种文化本源力量不断发扬光大,进入民族血脉之中,使得这个民族和个人即使在最艰难困苦的时候,文化也能得以保存和延续。

2. 诗礼传家[①]

在中国历史上,孔氏家族一直作为文化世家对中国家族文化起着引领与示范作用。其"诗礼传家一脉深,文章道德圣人家"的特色家庭文化,蕴含着中华民族深厚的文化底蕴和价值追求。2 000多年来,孔氏子孙一直秉承诗礼传家这一祖训,通过设立家学、续修家谱、颁布祖训箴规、举行家族祭祀、构建家庭礼仪、悬挂楹联匾额等多种方式和手段,教化子孙,传承家风。

孔氏诗礼传家这一特色家风,源于孔子的"诗礼庭训"。《论语·季氏》中记载[②],

① 毕孝珍.孔氏诗礼传家的家风意蕴与历史传承[J].济宁学院学报,2018(06):6-10.
② 王国轩,等.四书[M].北京:中华书局,2015:110.

陈亢问于伯鱼曰:"子亦有异闻乎?"对曰:"未也,尝独立,鲤趋而过庭。曰:'学《诗》乎?'对曰:'未也。''不学《诗》,无以言。'鲤退而学《诗》。他日,又独立,鲤趋而过庭,曰:'学礼乎?'对曰:'未也。''不学礼,无以立!'鲤退而学礼。闻斯二者。"陈亢退而喜曰:"问一得三,闻《诗》,闻礼,又闻君子之远其子也。"

这段记载被后世称作"诗礼庭训"或"诗礼垂训"。据《孔氏家语》记载,自此以后,孔氏子孙以此为家训,开始代代相承,诗礼传家遂成为孔氏家风的文化特色和精髓,孔氏家族亦被称为"诗礼世家"。

在诗书传家的家风遗训中,孔氏代代子孙潜心研习儒家经典,饱读诗书,他们"世代业儒,遍研群经,或亲子相传,或子弟互为师友,著述汗牛充栋"。如孔子孙子子思,志承祖业,著书立说,被后人称为"述圣"。第九代孙孔鲋不畏强秦,在"焚书坑儒"之际,把儒学经典藏于家中厚墙之内。第十一代孙孔安国信守祖业,整理、传承古文经典。隋唐时期,孔子第三十二代孙孔颖达,承续家学,主修《五经正义》,使儒家经典成为科举考试的官方教材。到清代,第六十九代孙孔继涵、孔继汾以及第七十代孙孔广林、孔广森,都精通经史子集,学识渊博。孔子第七十七代孙孔德成虽然出生在动荡年代,偏居台湾,依然牢记祖训,信守家风,在台湾各地传承儒家思想和文化。也正是在诗书的浸润和训育中,孔氏代代子孙饱读诗书、勤勉好学,形成了知书达礼、温文尔雅、气度超然、智慧非凡的家族精神风貌,家族文化生生不息,文章道德堪与天地并老。

诗礼传家的家风理念不仅是孔氏家族优秀的家庭教育理念,也是中华民族一笔宝贵的历史文化财富,为中国儒家文化的传承与发展作出了重要贡献。

3. 勤俭持家[①]

勤俭持家是中华民族传统美德的重要内容之一,充分体现了家庭文化的人文精神,自古到今,从未过时。上至达官贵族,下至黎民百姓,尚节俭,戒奢靡,一直都是他们遵循的原则。勤俭是一种催人奋进的精神力量,也是个人健康成长的护身法宝。一般来说,能不能勤俭持家,是一个家庭能否保持兴旺发达的关键。勤俭的家风可以防止青少年产生优越感,自觉克服身上的"骄""娇"二气。无论家居生活、学习还是创办事业,都应以勤为首,因为勤能补拙,勤能成事。

司马光的一生不仅十分俭朴,而且还把俭朴作为教子成才的重要内容。有一次,他的儿子司马康与其他子弟身着葱绿色的长袍在家走动,显得格外潇洒。司马

① 姚茹叶.弘扬良好家风　促进社会和谐[J].天水行政学院学报,2018(04):123-127.

光看到之后,感到不安,便写诗告诫:"清晨三绿袍,罗拜北堂高。积善因前烈,余光及尔曹。勿矜从仕早,当念起家劳。修立皆由己,何人可佩刀。"意思是你们切不可骄傲,要牢记兴家的辛劳,修身、立业只能依靠自己。

过了一段时间,司马光又结合自身经历与认识,写了一篇《训俭示康》的文章。他说自己"平生衣取蔽寒,食取充腹""众人皆以奢靡为荣,吾心独以俭素为美"。他教育儿子"由俭入奢易,由奢入俭难""君子寡欲,则不役于物,可以直道而行"。在他的熏陶下,司马康以为人廉洁和生活俭朴而称誉于后世,《训俭示康》也成了传统家教家训中的千古名篇。

习仲勋同志也是勤俭持家的模范。他不但对自己要求极严,还教育子女要"勤俭持家、低调做人"。2001年10月15日,习近平在写给父亲的祝寿信中说:"父亲的节俭几近苛刻。家教的严格,也是众所周知的。我们从小就是在父亲的这种教育下,养成勤俭持家习惯的。这是一个堪称楷模的老布尔什维克和共产党人的家风。这样的好家风应世代相传。"[①]

历史经验证明,一个家庭如果不能养成艰苦朴素、勤俭持家的家风,子女就必然奢侈浪费,不但不能培养出有作为的子女,而且一个家庭也会很快地走向衰落。劳动是创造一切幸福的源泉,青少年在尊重劳动的家风熏陶下,会树立自食其力的观念,不但把劳动看作是谋生的方式和获得财富的手段,而且把劳动视为一种高尚的道德品质,"以辛勤劳动为荣,以好逸恶劳为耻",从小培养自立能力,养成坚韧不拔、积极进取的性格。

4. 崇尚道德[②]

家庭是社会中最古老、最基本的组织形式,是人生的第一所学校。重视家庭建设,首先要解决的是建立一个什么样的家庭的问题。"家之兴替,在于礼义,不在于富贵贫贱",给一个家庭留下正确的价值观、财富观、生活方式,往往比留下金钱权力更为重要。

道德是一个人立身处世的根本,是家庭文化的核心。高尚的道德可以让人形成充实、高雅的精神生活,养成良好的生活习惯。在中国传统家风中,尤其重视道德品质的陶冶,认为在子女幼小时,及时加强思想品德教育,在家长的言传身教和家庭生活的潜移默化中,陶冶儿童的性情,塑造儿童良好的道德品质。

德教为本,把行为规范和道德品质的教育放在首位,是我国传统家庭教育的显

① 中共中央宣传部、中央广播电视总台.平"语"近人:习近平总书记用典[M].北京:人民出版社,2019:99.
② 姚茹叶.弘扬良好家风 促进社会和谐[J].天水行政学院学报,2018(04):123-127.

著特点之一。历代家庭教育论著和各种家规、家范、家戒,无一不强调勉子诚信、重子节操、诫子廉洁、教子自立、劝子谦逊等为教育的基本内容。

（1）诚信传家。诚实、守信是每个公民最基本的道德底线,也是我们知法、守法的基础,还是我们进行社交的规则和建设和谐社会的前提,是公民的第二张"身份证"。人之交往在于诚,世之安宁要靠信。国有诚信必兴,家有诚信必和,人有诚信必贤。在中国古代的家庭文化中,流传着"曾父烹豚,以教诚信"的故事,充分说明诚信在家庭文化中的重要意义。有了诚信的家庭文化,就能够培养和陶冶具有诚信品德的人才。诚实、守信既要求人们自觉做到诚实无欺、诚实做人、诚实做事、言行一致,还要自觉做到道德行为与道德品质完美统一。诚实、守信也是一个重要的社会公德,强调诚实、守信的家风培育,有利于整个社会道德水平的提高。诚信是金,作为公民,我们要牢固树立"诚实说话、诚信办事、诚信做人"的理念,自觉做到诚实、守信,敢于批评指正身边的不诚信行为,以实际行动践行社会主义核心价值观,传递社会正能量,为构建社会主义和谐社会作出贡献。

北宋政治家晏殊曾被欧阳修在《神道碑铭》中赞颂治家严格、家风正派,即使官拜宰相也未曾为家族子弟求恩泽封赠。晏殊出身寒微,自幼家境清苦,15岁时得时任宰相张知白举荐,使他可以不参加科举便获得官职,但他仍然决定参加考试。巧合的是,他发现考试之题是自己之前练习过的,于是他向宋真宗禀告,说:"我10天前已经做过这样的题目,草稿仍在,请另外命题。"真宗欣赏晏殊的质朴、诚实不欺瞒的品质,便钦点其同进士出身。

（2）注重操守。操守是指人的品德和气节,是为人处事的根本,在人们的社会生活中有着重要作用。人们常用王昌龄的诗句"洛阳亲友如相问,一片冰心在玉壶",来表白自己坚贞的操守、光明磊落的品格和对谤议的蔑视。

朱自清先生的重操守的精神如溪水一般滋养了朱家后人。正如朱自清先生的孙子朱小涛所说:

> 我父亲这辈兄弟姐妹七八个,几乎都继承了祖父、叔祖父的遗风。我的叔叔朱乔森,是中央党校知名的党史专家、教授。当年,祖父朱自清在拒领面粉的声明上签名后,正是朱乔森亲自退回了面粉票。当时他只有15岁。受祖父影响,他一生十分看重节操、修养,并且爱国敬业,廉洁奉公。他在生活上非常简朴,除了参加重要活动穿一身西服外,几乎没什么像样的衣服。代步工具是一辆破旧的自行车。在生病戒烟之前,他抽的都是价格低廉的香烟。但他在对待

别人或公家时却表现得非常慷慨。每次为灾区捐款捐物,他几乎是所在教研部里捐得最多的,一次捐款就高达千元。有一次捐衣被,他一下子捐了几十件,而且是拖着病弱之躯亲自送到教研部。

或许是家庭规模不够大,或许是族人天各一方过于分散,朱家并没有专门制定家规家训,但是我的前辈们在生活和事业上留下的点点滴滴、枝枝叶叶,像清澈的溪水,一直在滋养着朱家后人。这种家风的传承方式除长辈们讲道理外,更多更主要的是他们行为举止上的率先垂范。如今,朱家后人中没有做大官的,也没有富豪,都过着平凡的生活,但是一种内心宁静的普通生活不也是一种幸福吗?

(3)守廉洁。何谓廉洁?"廉"就是不贪,"洁"就是没有污垢。不受曰廉,不污曰洁。廉洁是从政为官的基本道德要求,坚守廉洁的品格,对己、对家、对社会都是有百害而无一利。

杨震,东汉中期著名学者,官至太尉,一生淡泊名利,清正廉明。他"四知拒金"的故事广为流传。

杨震在由荆州刺史调任东莱太守赴任途中,路经昌邑时,昌邑令王密为答谢其知遇之恩,特备黄金10斤,趁夜深无人时送他。杨震不接受,还严厉批评。王密说:"三更半夜不会有人知道,不会影响到老师的人品。"杨震说:"怎么会没人知道? 你顶天而来,天知道;踏地而来,地知道;携金而来,你知道;赠金与我,我知道。天知、地知、你知、我知,何为不知?"

"四知拒金"已成千古佳话。后人称杨震为"杨四知""四知太守""四知先生"。杨震后来官至太尉,依然秉承清廉的作风,子孙深受做"清白吏"的家风影响,五个儿子都誉满天下。

杨震三子杨秉以"三不惑"即不饮酒、不贪财、不近色闻名于世,人们赞其为"淳白"。杨秉之子杨赐,官至司徒、司空、太尉,同样清正廉洁、慷慨激昂、无私无畏,"切谏忤旨",人生轨迹和人格追求都继承了杨氏祖上做"清白吏"的家风。杨赐之子杨彪,亦官至太尉,正直无畏,直斗一代奸雄董卓毫无惧色。此谓三相流芳。

天下杨氏出弘农,杨震被公认为是杨氏家族的发脉始祖,杨氏后人都以"清白传家""四知家风"作为祖训,以杨震"四知"典故命名的"四知堂""清白堂",遍布海内外各地。

1900年后,受祖传遗训的影响,杨志群从小就形成了对清正、廉洁作风的强烈认同及尊崇,工作后更是以身作则,坚守廉洁底线,坚持清白做人。

（4）自立、自强。《周易·乾》:"天行健,君子以自强不息。"自强不息成为我们民族的精神支柱。自立、自强就是对这种精神的传承。自立、自强包含了自己的事情自己负责,不依赖别人,靠自己的劳动而生活的意义。唯有自立、自强,才能赢得尊严和权力,一个国家是如此,一个民族是如此,一个人也是如此!

清代著名画家郑板桥在山东潍县当县官时,儿子小宝留在兴化乡下弟弟郑墨家。小宝6岁上学,为教育儿子,郑板桥专门给弟弟郑墨写了一封信,信中写道:"余五十二岁始得一子,岂有不爱之理! 然爱之必以其道,以其道是真爱,不以其道是溺爱。"他的"道"是什么呢? 郑板桥说:"读书中举,中进士做官,此是小事,第一要明理做个好人。"郑板桥最重视的还是儿子的品德,他嘱咐弟弟:"我不在家,儿便是由你管束,要须长其忠厚之情,驱其残忍之性,不得以为幼子而姑纵惜也。"后来,郑板桥把儿子接到身边,经常教育他要懂得吃饭、穿衣的艰难,要同情穷苦人,要"明好人之理""爱天下农夫"。由于郑板桥的严格教育和言传身教,小宝进步很快。郑板桥在病危时把小宝叫到床前,指名要吃小宝亲手做的馒头。父命难违,小宝只得勉强答应。可他从未做过馒头,请教了厨师,费了九牛二虎之力,终于做好馒头,喜滋滋地送到床前,谁知父亲早已断气。儿子跪在床边,哭得像泪人一般,忽然发现茶几上有张信笺,上面写着几行诗句:"淌自己的汗,吃自己的饭,自己的事情自己干;靠天、靠地、靠祖宗,不算是好汉。"

（5）为人谦逊。谦逊为人是一种良好的品德,指谦虚、不浮夸、低调、为人低调、不自满等,是一种自我的认识,也是为人处世的一种态度。人们称谦逊为一切美德的"皇冠",因为它将自觉的纪律、天职、义务,以及意志的自由和谐地融会到一起。

北宋名相李沆,为官清廉,为人谦逊,虚怀若谷,虽然身居高位,但在后辈面前仍然非常谦恭有礼,从不倚老卖老,以势压人。

有一次,一位年轻的书生在路上拦住李沆的马头,递上一封书信。信里言辞不恭,都是指责李沆的所谓错误与过失。李沆接过书信大致看了看,并没有发怒,而是非常谦逊地说:"等我回去之后,一定会详细地看你这封信的。"没想到,年轻书生并不罢休,继续说道:"你当这么大的官,一不能够帮助老百姓办事,使百姓安居乐业;二不懂得尚贤,不把官位让给贤能之士,你不感到惭愧吗?"即使年轻书生如此咄咄逼人,李沆仍旧没有发怒,而是恭敬谦逊地表示:"我多次向皇上请辞,怎奈皇上一直没有同意,我又不敢擅自做主,所以就没有退下来。"

李沆的谦逊、恭顺,使得上自皇帝,下至平民百姓,都视他为楷模。他因病去世时,宋真宗十分悲痛,亲自前往拜灵,痛哭着对左右说:"沆为大臣,忠良纯厚,始终如一,岂意不享遐寿!"同朝名相王旦也叹曰:"李文靖真圣人也。"此后,人们就称李沆为"圣相"。

李沆告诫子孙,做人一定要谦逊,不管别人说什么,也不管别人说得对不对,都不要生气,更不要急于反驳,有则改之,无则加勉,要仔细思考对方提出的问题。如果自己确实存在过失,就要改正过来;如果对方是有意诽谤,也不必介意,因为时间会证明一切。他的这种谦逊精神感染了子孙后辈,整个家族都形成谦逊的风气。

5. 精忠报国[①]

精忠报国,指为国家效忠尽职,竭尽全力,牺牲一切。岳母刺字"精忠报国"更是千古流传。"精忠报国"是中华家庭文化的重要内容,激励中华儿女世世代代以国为重,铸造了伟大的中华文明。

中华民族自古就有爱国主义的传统,就有"天下兴亡,匹夫有责"怀抱家国情怀的担当精神,有"苟利国家生死以,岂因祸福避趋之"的家国情怀。自古"先天下之忧而忧,后天下之乐而乐"强烈的为国家、为民族、为整体献身的精神,都是国人从一代又一代的家庭文化中熏陶而来,是中华民族的道德核心。

在张家口怀安县,有这样一个军人之家,百年来,一家三代七父子前赴后继、赤胆忠心,以80年的军旅传奇书写着感人肺腑、催人奋进的"爱国梦""强军梦""中国梦"。

今年53岁的张全海虽然退伍已近20年,但身上仍保留着很多军人的作风。说起全家的绿色戎装情,他笑道:"我爷爷以前说过,张家子孙都要到队伍上去。"

20世纪三四十年代,在怀安县太平庄乡南九场村,爷爷张国富带着张全海的父亲往返于口里口外,一边行医,一边贩马,做点小生意。那年月,兵荒马乱,民不聊生,战火纷飞,土匪当道。据张全海父亲回忆,他们常常遭遇土匪与恶人的欺负与打劫。终于在1945年8月,盼来了怀安县的解放。在一次为八路军牵马带路之后,张全海的父亲张风林萌生了参军报国的念头。"因为当时父亲已经是家里的顶梁柱,爷爷没放他走,但后来让我三叔张风武当了兵。"他说,三叔临行时,爷爷告诉全家人:"只有跟着共产党走,才能翻身得解放,咱们才能过上好日子。从今往后,俺张家的子孙,只要国家需要,人人都到队伍上去,你们一代一代就走这条路。"

---

① 范仁碧.一家之语,共之天下[N].中国纪检监察报,2018-10-13.

"一心想当兵的父亲虽未能如愿,但记住了爷爷的话,并暗暗发誓:自己虽不能以身报国,将来一定把儿子送去当兵,报效国家。"在张全海的印象中,父亲念念不忘曾经许下的心愿。

就是从那时起,爷爷的一句豪言壮语,"跟着共产党走,都到队伍上去",成了张全海家世世代代亘古不变的好家训;父亲的一句金玉良言,"养儿一定先报国",成了全家三代人薪火相传的好家风。

半个多世纪里,张全海一家三代扎根军营、为国戍边,不计得失、甘愿苦乐。一个个在不同时期、不同岗位无怨无悔,敬业奉献。有的南下防御,义无反顾;有的北上平暴,勇往直前;有的建设国防,流血流汗;还有的扎根戈壁,枕戈待旦,为祖国的国防安全、和平发展,奉献着青春与热血!

时至今日,张全海怀安县老家的窑洞前仍挂着"光荣军属"的牌匾。半个世纪以来,这块光荣的牌匾历经风霜雪雨,字迹斑驳了,油漆脱落了,但它见证了一个家庭三代人、七名优秀军人舍小家、顾大家,献青春、固国防,肯吃苦、讲奉献的浩然之气。

正如习总书记2016年12月在会见第一届全国文明家庭代表时的讲话中指出的,广大家庭都要重言传、重身教,教知识、育品德,身体力行、耳濡目染,帮助孩子扣好人生的第一粒扣子,迈好人生的第一个台阶。

几千年来,中华民族以家庭为基石,不断繁衍壮大。在家庭从自然形态向社会形态过渡中,注入了大量丰富的文化内涵,饱含着人文精神。其中儒家文化在这个过程中,发挥了重要作用。传统儒家文化在个体家庭中,强调亲情礼仪,提倡孝亲尊祖、兄友弟恭、举案齐眉、相敬如宾等理念,重视"家和万事兴"的家庭和谐观,把门楣、家风看得非常重要。同时,儒家还把这种文化推广至社会,"老吾老以及人之老,幼吾幼以及人之幼",成为一种广泛的社会伦理。并以家庭伦理为基础,形成了"家国同构"的国家治理理念,形成了"小家"是以亲情血缘为纽带,"大家"则以"文化血缘"为纽带的高度稳定、和谐社会形成和文化传承。

以家庭为中心的中国人,在这样一种社会环境和文化传承中,一开始便肩负家庭和社会的双重责任。"一屋不扫,安扫天下。""穷则独善其身,达则兼济天下。""修身、齐家、治国、平天下。"这样的文化基因是团结和凝聚中华民族的重要因素,让我们这个国家和民族具有超强的社会责任感。具有五千年文明历史的中华民族之所以历尽沧桑却一脉相承依然屹立在世界东方,恰恰说明了以家庭为中心的文化传承所具有的生命力与优越性。

三、家庭文化的建设

正所谓"积善之家,必有余庆;积不善之家,必有余殃"。诸葛亮诫子格言、颜氏家训、朱子家训等,都是在倡导一种家风。毛泽东、周恩来、朱德同志等老一辈革命家都高度重视家风。

中国近代思想家梁启超留下了2 000余封家书,在这些书信里,他与孩子们讨论国家大事、人生哲学,表达父子间情感,督促子孙用功读书……梁家9个子女后来个个成才,有3个是国家级院士——梁思成(建筑)、梁思永(考古)、梁思礼(火箭控制)。无论是感人至深的《傅雷家书》,还是饱含真知良言的《曾国藩家书》都为后人所传诵。

家庭文化的建设对家庭的稳定和发展会产生极其重要的作用。家庭文化建设已得到了社会各界的广泛重视。然而构建一个支撑每个家庭成员健康发展,家庭和谐幸福的家庭文化,需要爱心、恒心、智慧,需要家庭每一个成员的努力,有时候还需要专业的辅导和帮助。

2015年2月17日,习近平总书记在中国春节团拜会上发表重要讲话时强调,家庭是社会的基本细胞,是人生的第一所学校。不论时代发生多大变化,不论生活格局发生多大变化,中华儿女都要重视家庭建设,注重家庭、注重家教、注重家风,紧密结合培育和弘扬社会主义核心价值观,发扬光大中华民族传统家庭美德,促进家庭和睦,促进亲人相亲相爱,促进下一代健康成长,促进老年人老有所养,使千千万万个家庭成为国家发展、民族进步、社会和谐的重要基点。

中国历史上的《颜氏家训》《朱子家训》《曾国藩家书》等家书家训名篇详尽地阐述了古人修身、治家之道,从义门陈的"忠孝立身,耕读传家",到郑义门的"孝义传家九百年",从胡铨的"立身忠孝门,传家清白规",到胡林翼的"忧国如家为己任,不取一钱以自肥",表达的是中国人优良的家风家教和家国情怀。新时代,我们要深入挖掘和阐发中华优秀传统家庭文化的人文精神和时代价值,通过创造性转化和创新性发展,注入社会主义核心价值观,使其在现代家庭中得以传承发扬。

家庭文化是包罗文化密码的中国书本,是建立在中华文化之根上的集体认同,是每个个体成长的精神足印。家庭文化的建设、传承影响一个人的一生、一个家庭的现状和未来、一个民族的传统与创新。今天,我们谈家庭文化建设,是当代人不可或缺的精神血脉,是社会生活的丰富内化,是精神文明建设的有力抓手。

　　家庭文化是一个家族代代相传沿袭下来的体现家族成员精神风貌、道德品质、审美格调和整体气质的家族文化风格。家庭文化对家族的传承至关重要。中华民族创造过世界民族中罕见的奇迹：那就是，国民整体的教养气质都是彬彬有礼，温柔、敦厚的；国民的行为举止也是有理有据，有规矩、有方圆的。这是"教化"之功，"家教"在"教化"之中，居功至伟。中国人安身立命之处不是天国，而是家国。家风乃吾国之民风。

　　家庭文化建设是文化与精神传承的抓手。家庭文化是文化传承的基因，家庭文化是个人精神成长的源头，家庭文化是传承千年的精神尺度。

　　"一家仁，一国兴仁；一家让，一国兴让"，家是最小国，国是千万家。家风正，则后代正，则源头正，则国正。父母是孩子第一任老师，家庭是孩子第一课堂，一个人的成长有没有受到好的家庭文化熏陶，是完全不一样的。有什么样的家庭文化，往往就有什么样的世界观、人生观、价值观。对于不少人来说，家庭文化甚至影响和决定了一生。

　　重视家庭文化建设应该是除了思想上重视外，还需要家庭的每一个成员的努力。父母可以根据自己的实际情况，对营造什么样的家庭文化进行科学定位，不要好高骛远，要有可操作性。需要家长抽出更多的时间去思考树立怎样的家风、制定怎样的家训，与配偶、子女、亲朋好友，甚至是身边的工作人员多沟通，统一思想、达成共识。比如，父母如何以身作则、爱党爱国、爱岗敬业、热心公益、在社会上乐于助人、在家互敬互爱、尊老爱幼的，等等。还可以形成一些符合自己家庭实际情况的行为规范和生活习惯等。比如，每日坚持看书学习，每日给孩子讲一个故事，每周到休闲广场玩一次，每旬举办一次家庭演讲赛，每月搞一次亲友聚会，每季度检验一次学习成果，每年搞一次全家出游，等等。总之，父母可以先做出总体策划，找到合适的载体，引发家庭成员的兴趣，达到使家庭成员健康成长、家庭整体兴旺发达的效果。通过每个家庭文化的建设，营造良好的家风，进而推动党风、政风、社风、民风的改善，使我们的社会更加和谐文明。

参考文献

[1] 家风家训故事 365 编写组.家风家训故事 365[M].北京：中国妇女出版社,2017.

第九章 弘扬中华优秀文化,塑造人文精神

党的十八大以来,习近平总书记十分重视中华优秀传统文化在当代社会的继承和发展,多次强调学习传统文化的重要性,并且他率先垂范,在很多重要场合引经据典,成为优秀传统文化的有力宣传者和推动者。

高校是传播优秀文化的主阵地,在日常学习和生活中,在引用经典作品时,我们不仅熟悉和了解了古人的人生故事和灵魂思想,更在无形中增强了自身的文化认同和文化自信。习近平总书记在 2013 年五四青年节的大会上指出,中华优秀传统文化已经成为中华民族的基因,植根在中国人内心,潜移默化影响着中国人的思想方式和行为方式。因此,以传统文化为基本内容的通识课教学改革,如何将习近平总书记关于传统文化的重要论述融入其中,达到"以文化人""课程思政"的目标,是当前一个重要的命题。

一、习近平传统文化重要论述融入通识课教学改革的必要性

习近平传统文化重要论述是中华优秀传统文化在新时代中国的继承和发展,为高校通识课教学改革指明了方向,也提供了具体思路和内容。新的时代经典应该续写,正如习近平总书记所说:"我们有责任写出中华民族新史诗。"在通识课课堂上,笔者尝试从 3 个方面对习近平传统文化思想与优秀传统文化的 3 个关联点进行解读,以期贴近大学生学习生活的实际情况,回应他们的关切。

近几年,中国社会掀起了一股诵读经典的热潮,从中央电视台的"汉字听写大会""诗词大会",到地方卫视的一系列向传统致敬的节目,在社会上引起了巨大反响。有人惊呼:"传统文化要回归了!"但是,如果理性而冷静地仔细想想,恐怕传统文化的回归和复兴不是几个优秀的电视节目就可以解决的。

其实,传统文化的内涵十分丰富,电视节目所展现的仅仅是冰山一角罢了。正如习近平总书记在中央党校建校 80 周年庆祝大会上指出的那样:中国传统文化博大精深,学习和掌握其中的各种思想精华,对树立正确的世界观、人生观、价值观很

有益处。学史可以看成败、鉴得失、知兴替；学诗可以情飞扬、志高昂、人灵秀；学伦理可以知廉耻、懂荣辱、辨是非。我们不仅要了解中国的历史文化，还要睁眼看世界，了解世界上不同民族的历史文化，去其糟粕，取其精华，从中获得启发，为我所用。

中华优秀传统文化的内涵十分丰富，诸子百家、古典诗词、古代历史等，可谓卷帙浩繁。即使是一部《论语》，古往今来的研究者也是相当多。再如中国诗词大会比赛的冠军，其诗词量为 2 000 多首，比普通人背诵的"唐诗三百首"要多很多倍，但是如果想到，仅仅《全唐诗》一书就收录了近 5 万首诗，如果再算上其他朝代，那古典诗词的总量也就相当惊人了！所以，我们的祖先的确创造了悠久、灿烂、丰富的文明成果，并流传到现在，这是给予我们后人的巨大财富，也是激励我们不断前进的力量源泉。

1. 历史传承："治国理政"与以史为鉴

文化是由某个群体内部产生积累的一种精神力量。著名历史学家钱穆在《中国文化史导论》中提出"文化就是国家民族的生命"的论点。他认为中国文化"长期传统一线而下的，已经有了五千年的历史演进。就是说我们国家民族的生命已经绵延了五千年"①。当今中国作为拥有五千年文明的古国，其精神沉淀必然是博大精深、醇厚复杂的。以史为鉴，可以知得失。那些积淀在历史中的文化是我们前进的重要参考。无论我们个体的哪个方面，都和这些传承至今的文化因素息息相关。对于执政党来说，把中华优秀传统文化融入治国理政的理论和实践中，融入社会主义文化强国的建设之中，是以习近平同志为核心的党中央在治国理政上的显著特色之一。

不忘历史，才能开创未来。善于继承才能勇于创新，党的十八大以来，党中央坚持为人民服务的立场，运用古为今用、洋为中用、双百方针的原则，②创造性地将古代政治家思想和马克思主义政党的执政实践相结合，将社会主义事业推向了新高度。

早在春秋战国时期，孔子就提出了"仁"和"礼"为核心的儒家学说，其中"仁"字更是《论语》一书的核心，孔子对"仁"的解释多达数十种，但重视个体需求、个体特点，注重人与人的本性、差异性，是其显著特点。简言之，孔子十分重视作为人民群众的个体发展。到了孟子，更是提出了"仁政"学说，即"以民为本"的思想，甚至在《孟子》一书中，多次勾勒了实行仁政后的"蓝图"。由此观之，儒家学说能够成为中

---

① 钱穆.中国文化史导论[M].北京：商务印书馆，2003：232.
② 徐拥军，熊文景.习近平文化观的四个重要维度[J].广西师范学院学报(哲学社会科学版)，2019：16－20.

国几千年思想的主流,和它重视个体、重视人民的力量是分不开的。梳理《习近平用典》一书发现,习近平引用最多的是儒家经典名言,其中引用《论语》11 次、《礼记》6 次、《孟子》4 次、《荀子》3 次、《二程集》等儒学经典著作也被多次引用。

党的十八大以来,从治国理政的实践和理论看,习近平同志的很多重要讲话包含了传承和弘扬发展中华优秀传统文化的新思想、新观点、新论断,是新时代中国特色社会主义理论的有机组成部分。早在中央党校 2009 年春季开学典礼上,习近平就指出,传统文化中的许多优秀文化典籍蕴含着做人做事和治国理政的大道理,领导干部多读优秀传统文化书籍,经常接受优秀传统文化熏陶,可以提高人文素养,增强对人与人、人与社会、人与自然关系的认识和把握能力,正确处理义与利、己与他、权与民、物质享乐与精神享受等重要关系。

以史为鉴是中国共产党的优良传统。中国共产党诞生于激烈批判传统的"五四"及新文化运动,党的十九大报告指出,中国共产党自成立之日起,就既是中国先进文化的积极引领者和践行者,又是中华优秀传统文化的忠实传承者和弘扬者。这就从整体上概括了中国共产党对待传统文化的科学态度。这一点从我们党的历届领导人以及很多中央文件的论述中可以得到印证。还有观点简单把源于西方文明,把作为我党指导思想的马克思主义与中华传统文化简单对立起来。对此,习近平同志指出,马克思主义进入中国,既引发了中华文明深刻变革,也走过了一个逐步中国化的过程。"中华优秀传统文化是发展当代中国马克思主义的丰厚滋养",它有利于巩固马克思主义在意识形态领域的指导地位,有利于构建"21 世纪的马克思主义",而且"坚守中华文化立场"也被庄严地写进了党的十九大报告中。

青年学生大多对社会政治关注度较高,对于执政党的执政能力、理念和方略,有必要在大学课堂里讲透彻讲清楚。中华优秀传统文化与推进国家治理体系和治理能力是息息相关的,"一个国家的治理体系和治理能力是与这个国家的历史传承和文化传统密切相关的"。在漫长的历史进程中,中华民族积累了丰富的治国理政经验。法治似乎代表现代的治理,德治好像纯粹是过去时代的产物——这种似是而非的观点占据了不少人的头脑。习近平同志指出,法律是成文的道德,道德是内心的法律;法安天下,德润人心。因此,在法律和道德之间并没有绝对的界线,甚或说它们是互相补充的。吸收外来法制思想,要考虑到我们的法制文化背景。治国先治吏。近年来,对于高级干部中出现的腐败现象,我们一方面重典治痾,另一方面积极借鉴我国历史上经验,加强廉政文化建设。习近平同志指出,"研究我国反腐倡廉历史,了解我国古代廉政文化,考察我国历史上反腐倡廉的成败得失,可以给人以深刻启迪,有利于我们运用历史智慧推进反腐倡廉建设"。① 因为我们认识到,廉政建设只有注入文化的基因之后,才会赢得持久的生命力;用文化养出的"廉",才是内化于心、固化为魂、外化于行的自觉的"廉"。"增强党自我净化、自我完善、自我革新、自我提高能力",执政党这种以"自"为内容的文化建设,实际上也是对中华优秀传统文化管理和修身等思想的采纳、汲取、融汇。

自近代社会以来,东方文化日渐式微,西方文化在全球的发展倒是如火如荼。一些国人,看着好莱坞大片,追着美剧,吃着各种洋快餐,将传统文化抛之脑后,转而去学习西方的生活方式和思维方式,殊不知越是民族的越是世界的。结果西方文化没学到位,自己的传统也丢失了,落得个不伦不类、不东不西的怪现象。不说别的,只说现在我们过马路,连老人都不敢轻易去扶! 中华民族的传统美德都到哪里去了?

如此种种丢失传统美德的怪事,都需要我们去重新审视以儒家为代表的传统文化。所以,对于当代中国人,读一读《论语》十分有必要。

五四运动以后,孔夫子和其《论语》作为封建文化的象征被列为批判否定的对象,"文化大革命"更是割裂了中国传统文明之延续。新儒学在国外如火如荼,学术圈也一度非常盛行,但终究在经济快速发展的浪潮中没有引起普通国人的关注,也没有在当代中国社会中产生较大的反响。

然而,当前我国的经济总量已跃居世界第二,经济的强盛让我们又开始审视自己的软实力——这是国家发展的必经阶段。一个强大的国家,也必须有其深远和富有影响力的文化,否则她就不能算是一个真正的大国。一味地去做西方文化的追随者,亦步亦趋地去模仿,终究不能成就自己的鲜明特色。今天,当我们对自己的民族精神及传统文化进行重新反思,毛泽东"古为今用,洋为中用"思想的价值仍然具有很高的价值。用唯物辩证的思维方法剖析中国传统文化,就会发现其中的精华,《论语》便是其中之一。即使今天处在改革开放、经济腾飞、文化发展的时代大潮中,《论语》中的许多思想仍具有一定的借鉴意义和时代价值。

2. 文学人生:"平语近人"与优秀诗篇

习近平总书记在各种场合引用的古典诗词、名人名言也成了人们热议的焦点。中央电视台播出《平"语"近人——习近平总书记用典》后,引起了知识界的热烈反响。古典诗词是中华优秀传统文化的组成部分,深受高校师生的喜爱。每一个中国

---

① 　强卫.培育科学思维,提高执政能力[EB/OL].中国共产党新闻网,2013-12-25.

人的一生，无论受教育程度的高低，可以说都是伴随着古典诗词的身影的。古典诗词，不是空洞的理论，而是用文学艺术的形式表现出了古人生活的方方面面，既体现了中国语言文字的美，又体现了中华民族的审美情趣和精神世界。每一次的诵读和引用，都让我们走近古人，无形中传承着中华文化的发展。

包括古典诗词在内的中华优秀传统文化蕴涵着审美情趣、民族精神、人生哲理等，经历了历史长河的大浪淘沙，历久弥新，光彩夺目，是圣贤先哲留给我们的无形财富和精神食粮，已成为一种长效的民族素养的滋养剂，永远值得我们去好好继承，并使之发扬光大。习近平总书记就是一名传承中华优秀传统文化的践行者，不管是在国际会议上，还是在国内各类型会议上，都能听到习近平总书记引经据典，在他身上我们能深刻地感受到中华优秀传统文化的魅力与芬芳。孔子说："不学诗，无以言。"古典诗词造就了中国文化，也造就了中国的人文气质，否定古典诗词，就等于是否定中华民族的思想文化体系，就等于割断了自己的精神命脉。

究其根本，习近平所引用的古典诗词，都有一个共同特点，那就是能够表现普通人情感和思想的诗篇和语句，这再次体现了共产党人的人民立场。"能不能搞出优秀作品，最根本的决定于是否能为人民抒写、为人民抒情、为人民抒怀。"[①]在 2019 年新春团拜会上，习主席引用了唐诗来表达美好祝愿："共欢新故岁，迎送一宵中。"这既表达了美好祝愿，又彰显了艺术之美——这样的实例不胜枚举。如何使自己成长为一名有内涵有文化的人，习近平总书记给青年学子做了表率。榜样的力量是无穷的，在通识课课堂上，教师更应该将这些例子适时地巧妙地给学生解读，达到润物细无声似的"以德服人"的目的。

古典诗词是中华民族精神的集中体现，其内涵是多方面多层次的。习近平总书记吟诵的那些古典诗词，都是经历过时代检验，读来历久弥新的名言警句。在高校课堂上，这些古典诗词不仅能给人以明快的直接的审美感受，更蕴含着一个个充满着中国式人情味的中国故事。而在全球化时代，讲好中国故事，传播中华文化是每一位当代中国人本身就应该肩负的使命和义务。

中国传统文化倡导群体本位的价值观，"家国情怀"显得尤为突出。古典诗词蕴含的文化意义和人格精神，是符合当前的社会主义核心价值观的。南宋诗人陆游、文天祥，他们的中国梦是统一中国。"王师北定中原日，家祭无忘告乃翁"（陆游《示儿》）、"人生自古谁无死，留取丹青照汗青"（文天祥《过零丁洋》），这些诗句都成了千

① 习近平.在文艺工作座谈会上的讲话[M].北京：人民出版社，2015.

古名句，投射出中华民族不屈不挠、勇于奉献的高贵品格。"诗圣"杜甫的"百年多病独登台"、诗仙李白的"欲上青天揽明月"是将个体置于时代的洪流中郁郁不得志的强烈控诉。这些诗句流传至今，面对当今国际及国内形势，每一句都有着现实意义，每一句都可以得到共鸣。时代穿越了千年，而中华民族的精神却是始终延续的、相通的。古典诗词折射出了中华民族几千年来独特的民族精神审美和人格写照。因此，古典诗词是中华传统文化中的璀璨明珠，是社会主义核心价值观的重要载体和鲜活实例，在通识课教育的课堂上，我们应结合习近平总书记的吟诵，深挖古典诗词的艺术之美和人格之美，以达到以诗育人、以文化人的目的。

3. 中国智慧："人类命运共同体"和天下"大同"

2017 年 1 月 18 日，中国国家主席习近平在日内瓦万国宫出席"共商共筑人类命运共同体"高级别会议，并发表题为《共同构建人类命运共同体》的主旨演讲，向世界阐释了"构建人类命运共同体，实现共赢共享"的重大国际倡议。习近平同志在十九大报告中提出，坚持和平发展道路，推动构建人类命运共同体。人类命运共同体意识超越种族、文化、国家与意识形态的界限，为思考人类未来提供了全新的视角，为推动世界和平发展给出了一个理性、可行的行动方案。世界各国只有相互尊重、平等相待，合作共赢、共同发展，实现共同、综合、合作、可持续的安全，坚持不同文明兼容并蓄、交流互鉴，承载着全人类共同命运的"地球号"才能乘风破浪，平稳前行。"人类命运共同体"的提出，可以说是将中华优秀传统文化的内核和马克思主义哲学关于人类社会发展的一般规律进行了有机统一，是中西哲人思想的一次完美融合。

早在几千年前，中国的《礼记》里就有这样的记载："大道之行也，天下为公，选贤与能，讲信修睦。故人不独亲其亲，不独子其子，使老有所终，壮有所用，幼有所长，鳏、寡、孤、独、废、疾者皆有所养，男有分，女有归。货恶其弃于地也，不必藏于已；力恶其不出于身也，不必为已。是故谋闭而不兴，盗窃乱贼而不作，故外户而不闭。是谓大同。"[1]这段话中的"大同"是中国古代哲人思想，指人类最终可达到的理想世界，代表着人类对未来社会的美好憧憬。基本特征即为人人友爱互助，家家安居乐业，没有差异，没有战争。这种状态称为"世界大同"，此种世界又称"大同世界"。到了现代社会，又加入了全球范围内政治、经济、科技、文化融合的思想。尽管大同思想为中国思想，但西方的乌托邦以及现代的共产主义，"地球村"思想也与"大同"在许多地方有着极大的相似之处。"天下为公"、世界"大同"，是千百年来中国人民为之

---

① 《四书》[M].上海：上海古籍出版社，1999：3.

不懈奋斗的理想和信念,也可以说,这是中国优秀文化传统对全球化和人类社会发展规律本质内涵的最早赋予。所谓"大同",就是指生产资料共有,人们之间没有等级差别,没有剥削压迫,平等、和睦相处,各有所得所乐——这和我们常说的"共产主义理想"有共同之处。如果课堂上这样进行古今中外对比,必定会受到同学们的认可。

我们唯一知道的是,随着新中国的成立,特别是改革开放以后,随着新的社会制度的完善,各种思潮的发展和学术圈的自由碰撞,我们已经越来越能够接近一个真实的孔子。这个真实的孔子,也越来越在国际文化交流的舞台上得到更多国家和民族的关注、推崇和喜爱。

随着中国经济实力的强大,政府十分重视中国传统文化在海外的宣传和推广,孔子学院自 2004 年在韩国成立第一所,现已在全世界大部分国家开办。截至 2016 年 12 月 31 日,全球 140 个国家(地区)建立了 512 所孔子学院和 1 073 个孔子课堂。孔子学院在 130 个国家(或地区)共 512 所,其中,亚洲 32 个国家(或地区)有 115 所,非洲 33 个国家有 48 所,欧洲 41 个国家有 170 所,美洲 21 个国家有 161 所,大洋洲 3 个国家有 18 所。孔子课堂遍及 74 个国家(地区)共 1 073 所(科摩罗、缅甸、马里、突尼斯、瓦努阿图、格林纳达、莱索托、库克群岛、安道尔、欧盟只有课堂,没有学院),其中,亚洲 20 个国家有 100 个孔子课堂,非洲 15 个国家有 27 个孔子课堂,欧洲 29 个国家有 293 个孔子课堂,美洲 8 个国家有 554 个孔子课堂,大洋洲 4 个国家有 99 个孔子课堂。

2014 年 9 月 24 日,国家主席习近平在人民大会堂出席了纪念孔子 2 565 周年诞辰国际学术研讨会暨国际儒学联合会第五届会员大会开幕会,并发表重要讲话。他强调,不忘历史才能开辟未来,善于继承才能善于创新。只有坚持从历史走向未来,从延续民族文化血脉中开拓前进,我们才能做好今天的事业。推进人类各种文明交流交融、互学互鉴,是让世界变得更加美丽、各国人民生活得更加美好的必由之路。大会将 2014 年 9 月 27 日定为首个"孔子学院日"。近年来,随着中国的"经济热",孔子学院的大力推广,全世界形成了一股"汉语热"。据不完全统计,全世界学习汉语的人已经超过 1 亿。2013 年,全球共有 500 万人次参加各类汉语考试,其中 HSK、HSKK、YCT 和 BCT 考生达到创纪录的 37.2 万人。全球汉语考试考点达 875 个,遍布 114 个国家和地区。这些都是孔子思想走向世界,宣传中国传统文化,提升中国软实力和国际形象的最好证明。

因此,传播中华优秀传统文化要找到其与马克思主义哲学共同的立足点和对接处，才能有生命力、影响力。中华优秀传统文化，既是我们文化的基因、精神的基因，也是精神的标志、丰厚的滋养。其中的丰富思想道德资源，更是涵养社会主义核心价值观的重要源泉。突出强调道德价值的作用，尤其是传统美德的功能，就接通了民族文化的精神命脉，也为抽象价值观的落地提供了实践操作的着力处。

中华优秀传统文化与中国特色社会主义文化是有千丝万缕的内在联系的。文化软实力强，对内就有凝聚力，对外就有吸引力。为什么习近平同志讲中华优秀传统文化是中华民族的突出优势、是我们最深厚的文化软实力？理解这一重要论述，无论对内还是对外的意义都很重大。习近平同志反复强调对历史的学习以及形成历史思维能力的重要性。这就克服了那种断裂式思维方式，把我们今天的道路同历史整体贯通起来。党的十九大报告强调："中国特色社会主义文化，源自中华民族五千多年文明历史所孕育的中华优秀传统文化。"调查显示，大多数外国人非常愿意了解中华传统文化，说明它在世界上仍具广泛影响力。由于社会主义及马克思主义意识形态源于并成长于西方文化的对立因素和长期围攻之中，因此，今后很长一段时期，对外文化战略要以"悠久历史文明古国"的身份取得世界理解、消除误解和偏见，进而构建文化世界中的中国正面形象。经济、军事乃至科技等硬实力可以快速增长和恢复，但文化软实力不是那么快就能见效，尤其是没有断流的 5 000 年文化潜力巨大，变文化资源大国为文化产业大国，实现文化强国就有了坚实的保障。

二、习近平传统文化重要论述融入通识课教学改革的思路

1. 将教学改革背景与新时代新思想相结合

党的十九大以后，中国特色社会主义进入了新时代。"新时代"的背景应该包含国家的各个层面，中华传统文化的继承和发展也应该结合新时代背景，推陈出新。

中华优秀传统文化是中华民族几千年的"根"与"魂"，新时代的高校课堂应该继承这些"根"与"魂"。中国传统文化博大精深，学习和掌握其中的各种思想精华，对树立正确的世界观、人生观、价值观很有益处。2016 年版的《习近平总书记系列重要讲话读本》中指出：大力宣传中华民族的优秀文化和光荣历史……引导人们树立和坚持正确的历史观、民族观、国家观、文化观。党的十九大报告再次重申了这"四观"。综合起来，对优秀传统文化提到了"八观"的高度，实质就是确立中华民族精神世界、精神家园的"根"与"魂"。我们党历代领导人的中华文化"底子"都很深厚，但从这样一个"站位"去论述民族优秀传统文化还是第一次，必须给予高度的关注和

评价。

党的十八大以来,中国的经济建设取得了巨大成就。目前经济总量已达世界第二位,且常年保持高位增长。中国已经成了地球经济的引擎和助推剂,越来越多的国家和中国展开了合作。这种合作不仅仅是经济上的贸易往来,也包括文化交流。物质决定意识,经济基础决定上层建筑,一个强大的中国必然会和其他国家的人民互动频繁。所以,今后的中国,文化交流、文化输出显得尤为重要。

新时代背景下的高校课堂,要自觉融入新思想。要将习近平总书记有关中华优秀传统文化的论述渗透到课堂教学中去,既要以历史的深度去讲述传统文化,又要以现实的高度去理解传统文化,做到古代和现代的有机结合。习近平总书记的论述关系到传统文化的方方面面,教师理应首先熟练把握其丰富内涵,才能在课堂上信手拈来,而不是死记硬背、生搬硬套,让传统文化变成新的教条主义。

习近平总书记指出,我们要善于把弘扬优秀传统文化和发展现实文化有机统一起来,紧密结合起来,在继承中发展,在发展中继承;要坚持古为今用、以古鉴今,坚持有鉴别的对待、有扬弃的继承,而不能搞厚古薄今、以古非今,努力实现传统文化的创造性转化、创新性发展,使之与现实文化相融相通,共同服务以文化人的时代任务。①

可见,传承中华文化不是简单复古,也不是盲目排外,而是古为今用、洋为中用,辩证取舍,推陈出新,摒弃消极因素,继承积极思想,"以古人之规矩,开自己之生面",实现中华文化的创造性转化和创新性发展。习近平总书记鲜明提出了"创造性转化、创新性发展"的重要原则,成为我们党对待中华优秀传统文化的基本方针。"创造性转化、创新性发展",蕴含着继承发展、扬弃创新的思想方法,体现了我们党高度的文化自信。

君子要勇于担当。比如《论语·季氏将伐颛臾》这篇所载的故事就十分有趣。孔子的学生冉有、季路对孔子说自己的主公季氏要去侵犯颛臾这个小国,孔子立刻斥责了他们:"求!无乃尔是过与?夫颛臾,昔者先王以为东蒙主,且在邦域之中矣,是社稷之臣也。何以伐为?"我们从这段话可以看出,孔子具有极强的原则性,而且一点也不隐藏自己的态度,对自己的学生提出了严厉的斥责。而当冉有他们为自己找借口说自己劝说不动季孙子时,孔子说:"求!周任有言曰,'陈力就列,不能者止'。危而不持,颠而不扶,则将焉用彼相矣?且尔言过矣,虎兕出于柙,龟玉毁于椟

---

① 参见 2014 年 9 月 24 日,在纪念孔子诞辰 2 565 周年国际学术研讨会暨国际儒学联合会第五届会员大会开幕会上的讲话,载《人民日报》2014 年 9 月 25 日第一版。

中,是谁之过与?"这段话严厉指责了学生们的尸位素餐,在其位不谋其职。并且在下文非常明确指出了国家的忧患所在:不患寡而患不均,不患贫而患不安。这话在现在看来,仍然值得我们借鉴和反思。所以,从这个故事我们可以看出,孔子无论对谁,即使他的权位再高,也能敢于批评。尤其是他教导自己的学生在其位要谋其职,能干就干,不能干就走。这些话,除了表现出他的刚正不阿和对局势的判断之外,也对当时社会的一些"学而优则仕"以及领导干部的"智囊团"的知识分子们提出了勇于担当的要求。君子要懂得约束自己,即"克己"。孔子认为,君子除了自我修养,还要重视用"戒、畏、思"几项标准严格要求自己。孔子曰:"君子有三戒:少之时,血气未定,戒之在色;及其壮也,血气方刚,戒之在斗;及其老也,血气既衰,戒之在得。"这些话非常具体地对人生的几个阶段提出了注意事项,值得我们当代人借鉴。当然,孔子也从另外一个层面提出过一种"约束",即"举直错诸枉,能使枉者直"(《论语·樊迟问仁》)。用正直的人来统治不正直的人,不正直的人也会变好,这何尝不是一种外在约束? 而且,这种外在约束,对于国家政权和社会治理的意义很大。就像我们现在所说的从严治党一样,仅仅依靠党员自身的自律是远远不够的,还得有一系列外在的人和制度的约束才可以。

我们要加强对中华优秀传统文化的挖掘和阐发,使中华民族最基本的文化基因与当代文化相适应、与现代社会相协调,把跨越时空、超越国界、富有永恒魅力、具有当代价值的文化精神弘扬起来。把继承优秀传统文化又弘扬时代精神、立足本国又面向世界的当代中国文化创新成果传播出去。只要中华民族一代接着一代追求美好崇高的道德境界,我们的民族就永远充满希望。

2. 将教学改革目标与文化自信相结合

"文化自信,是更基础、更广泛、更深厚的自信。"[1]习近平同志说他念念不能忘记的 3 件事之一,便是 5 000 年的优秀文化不要搞丢了。数千年来,我国的完整和统一不只是靠政权和血缘等因素,主要靠文化的认同;文化安全是思想家、政治家长期关注的战略主题。向外来文化学习的同时,也在积极地改造、创新,发展出新的文化流派。中华民族能够绵延几千年,以儒、释、道为主体的多元文化特征正说明了我们在文化上是兼收并蓄、海纳百川的。

孔子主张学习要博学多才,他说:"志于道,据于德,依于仁,游于艺。"(《论语·述而》)这个"艺",就是指"六艺",实际上是说六门实践性很强的基本技艺课程要广,

---

[1] 习近平在庆祝中国共产党成立 95 周年大会上的讲话[N].人民日报,2016 - 07 - 02.

不能偏颇、单一。"六艺"之称始见于春秋初期的《周礼》,"六艺:礼、乐、射、御、书、数"。礼,是行为习惯、礼仪程序,以及不同等级的人在各种礼仪中所处的地位和作用;乐,是音乐、舞蹈、诗歌等;射,是射箭技术;御,是驾驭战车的技术;书,是识字、书法教育;数,是算术。他又提出要用4种东西作为自己的学习纲要,这就是"文、行、忠、信"(《述而》)。即文化知识,品德修养,忠诚、笃厚,坚守信约。这4项内容对于自己和别人都具有重要意义。所以,我们今天来看,孔子不仅注重因材施教,而且非常重视培养学生的综合素质。这种综合素质,既有品德方面的,也有专业技能方面的,放在现在的教育来看,一点也不落伍,所以我们称他为"至圣先师"是十分恰当的。

在我国以人文伦理为特色的传统中,基于道德的价值判断占据十分重要的地位。反过来说,如果不坚持在我国大地上形成和发展起来的道德价值,我们的精神独立性(延伸至政治、思想、文化、制度等方面的独立性)就会被釜底抽薪。传承和发展中华优秀传统文化,不仅关乎国家文化安全的维护,也从整体上关乎国家安全,是社会主义文化强国的重大战略任务。"人民有信仰,民族有希望,国家有力量。实现中华民族伟大复兴的中国梦,物质财富要极大丰富,精神财富也要极大丰富。"[1]必须从"坚定文化自信、坚持和发展中国特色社会主义、实现中华民族伟大复兴的高度"去认识。当前我们提倡的社会主义核心价值观,实际上是传统文化在当代社会的价值标准的新发展。

青年学生处于个体成长的重要阶段,世界观、人生观、价值观尚在成熟阶段。大学生的基本素质包括思想道德素质、文化素质、专业素质和身体心理素质,其中文化素质是基础,大学生的文化素养是由文化知识、文化能力和文化态度构成的多层次统一体。文化知识的获取离不开对文化的认同,文化鉴别和创造能力的提高离不开对文化的自信,文化态度更是文化自信的首要命题。因而,大学生文化素养的培养离不开高度的文化自信。通过大学生文化自信教育引导他们形成科学的文化认识、正确的文化价值观和文化鉴别、创新能力,而这正是对大学生文化素养的全方位的塑造和培养。在高校学生中开展文化自信建设工作,不仅仅是为了普及传统文化、增进大学生文化自信水平,更是在推进社会主义先进文化建设、提升国家软实力的大背景下对大学生传承、批判和创新文化的能力进行塑造的内在要求和必然选择。

因此,课堂上的合理引导十分有必要。传统文化流传至今,出现了一系列可歌

---

[1]　中共中央文献研究室.习近平关于社会主义文化建设论述摘编[M].北京:中央文献出版社,2017.

可泣的人物。无论是居庙堂之高的士大夫，还是处江湖之远的闲散文人，他们的家国情怀、浩然正气……这些优秀品格既是中华民族可贵精神的写照，也是高校课堂最好的价值引导范例。历史和国家都是由一个个鲜活的个体所构成的，作为华夏儿女，理所应当地应该学习和继承这些精神。

3. 将教学改革过程与技术革新相结合

高等教育的特点之一就是不断地进行技术革新，比如课堂，从纯粹的板书教学到投影仪的广泛使用，使课程容量增大了多倍，有效节约了课堂教学时间。从学生学习的角度来看，新时代教学技术革命最突出的变化就是出现了"慕课"（massive open online course，简称 MOOCs，惯用 MOOC），作为近年来教育领域的一种针对大众的免费在线教学方式，其课程种类丰富、覆盖范围广、参与者众多，具有"大规模性"；其依赖网络信息技术、智能背景，面向全球提供全程开放的资源、环境和评价体系，这种基于"在线性"而形成的"开放性"模式又打破了教学的时空限制。

从历史进程看，中华传统文化有着极强的适应性，无论是五四运动时期的彻底"反孔"，还是新中国成立之初汉字拉丁化的尝试，抑或是 20 世纪 90 年代电脑时代开始时，世界对中国文化能否融入的怀疑，每一次面对新思想、新技术的质疑或是"否定"，传统文化总能迅速适应这些变化，一次次地赶上时代的潮流。面对在线课程的流行，传统文化课堂也要迎头赶上，探索在新的技术条件之下的教与学。

2019 年 4 月 9 日在北京首届中国慕课大会开幕，以"识变、应变、求变"为主题的本次大会关注提升教育质量、推进教育公平，关注慕课建设与成果应用，为推动教育现代化向纵深发展，建设学习型国家开辟更为广阔的前景。作为一种新型的教育模式，慕课不仅是传统教育形式、手段、过程的一种变革，更是对传统教育观念、内容、方法的深刻颠覆。这种颠覆对于一直保持着传统教学模式的传统文化课程来说，挑战更甚。今后，网络技术对教育的影响将会进一步加大，甚至会推动整个教育的巨大变革。慕课课程给传统文化所带来的是挑战，而不仅是课程的变化。这种方法打破在人们头脑中挥之不去的教师效能与学生成果评价的教学神话，而代之以基于证据的、现代的、数据驱动的教育方法论。这种变化会带来教育的根本性变革。传统文化如何适应这一变革，多个高校都开展了有效的尝试。

网络慕课对高校传统的教学模式的影响还将进一步加剧，且将对整个高等教育产生重要影响。首先，对于传统文化课程来说，系统性的学习被"碎片化"的学习取而代之，是否会影响知识体系的完整性？其次，在线学习只需要借助于网络终端即可进行，且随时随地，学生们从课堂到了课外的任何地方，是否会影响教学效果？因为传统文化课程,除了知识的传授之外,还有面对面的情感交流。靠观看视频学习,是否会影响这种情感交流? 如果有影响的话,靠什么方式可以获得弥补? 再次,当教师可以通过网络讲授课堂知识以后,面对成千上万的学生,如何对学生进行评判? 如果选课量大,那考试题型就不得不只出客观题,而传统文化课程却往往没有一个非常标准的答案。这些问题横亘在新时代的教师面前,亟待探索和解决。

经过几年的实践,我们可以发现,网络课程作为在线课程的新型模式,其最显著的特点是以学习者为中心,教师作为协调者给予学生视频、文本形式的引导和反馈,进行 24 小时不间断授课。从这个特征来看,对于传统文化课程可以借助于技术手段做到随时随地可以接收到课堂知识,突破了时空限制,在传播文化方面还是非常值得推广的。对于课堂面对面的交流问题,某些课程现在采取了混合式教学,即在线视频和见面课相结合的方式,在教学组织模式上进行了有效尝试。

当前,纵观国内几大慕课平台可以发现,以传统文化为主要内容的通识类课程相对还比较少,而这类课程一旦开出,选课学校和人数都会居高不下。可见高校和大学生对此类课程的需求量是巨大的。因此,高校和教师应转变思路,主动学习新技术,改变过去单一的课堂模式,积极进行慕课的制作和资源共享,求同存异,互相学习,并积极参与和学生的互动,真正做到教学相长、互相促进,达到"以学生为中心,以教师为主体,以公平为要"的实际成效,引领新时代教育改革的新局面,进一步推进优秀传统文化的教学。

三、小　　结

党的十九大报告指出,要深入挖掘中华优秀传统文化蕴含的思想观念、人文精神、道德规范,结合时代要求基础创新,让中华文化展现出永久魅力和时代风采,所以,高校通识课教育改革应以传统文化为底蕴,以习近平传统文化重要论述为指导,将这两者有机结合起来,做到以教师为主体,以学生为中心,以技术为手段,不断探索新方法新路径,增强文化自信,迎接中华民族的伟大复兴。

参考文献

[1] 中共中央宣传部.习近平总书记系列重要讲话读本[M].北京:中央文献出版社,2014.

[2] 夏华.国学概说[M].北京:北京航空航天大学出版社,2007.

[3] 周晓华.美国高校开放在线课程的发展过程研究[D].华南理工大学,2013.

［4］袁松鹤，刘选.中国大学 MOOC 实践现状及共有问题［J］.现代远程教育研究,2014(4).

［5］赵明仁,肖云.民族伟大复兴要以中华文化发展繁荣为条件［N］.光明日报,2013-12-4.

［6］习近平.习近平谈治国理政［M］.北京：外文出版社,2014.

［7］习近平.在文艺工作座谈会上的讲话［M］.人民日报,2015-10-15.

［8］王丽华.美国"慕课"的新发展及对中国的启示［J］.高校教育管理,2014(5).

第十章 践行社会主义核心价值观，加强精神文明建设

党的十八大以来，中央高度重视培育和践行社会主义核心价值观。习近平总书记多次做出重要论述，对如何学、怎样学提出明确要求，为加强社会主义核心价值观教育实践指明了方向，提供了重要的理论和实践依据。2017 年 10 月 18 日，习近平总书记在十九大报告中指出，要培育和践行社会主义核心价值观。要以培养担当民族复兴大任的时代新人为着眼点，强化教育引导、实践养成、制度保障，发挥社会主义核心价值观对国民教育、精神文明创建、精神文化产品创作生产传播的引领作用，把社会主义核心价值观融入社会发展各方面，转化为人们的情感认同和行为习惯。高校作为育人的重要场所，在青年的成长中占据着培养人、引导人、塑造人的重要作用，如何让青年学子学习好、实践好核心价值观，是高等教育的重要任务。

一、社会主义核心价值观的内涵

社会主义核心价值观的思想理论基础是马克思主义，同时它又凝聚了中华优秀传统文化和域外文化的精华，体现了全球化时代精神的本质和中国特色社会主义建设的实践经验，是社会主义先进文化的精髓。它以社会主义制度为基础，以人民为主体和中心，以人民美好生活为奋斗目标，以个人全面发展、社会全面进步和生态全面改善为主旨，以全面深化改革开放为动力，以依法治国与以德治国相结合为治国方略，是中国历史上一种全新的价值观。

1. 社会主义核心价值观的基本内容

党的十八大提出，倡导富强、民主、文明、和谐，倡导自由、平等、公正、法治，倡导爱国、敬业、诚信、友善，积极培育和践行社会主义核心价值观。富强、民主、文明、和谐是国家层面的价值目标，自由、平等、公正、法治是社会层面的价值取向，爱国、敬业、诚信、友善是公民个人层面的价值准则。这 24 个字是社会主义核心价值观的基本内容。

我们来解读一下，这 24 个字可以分为三个层面来理解。

"富强、民主、文明、和谐"，是我国社会主义现代化国家的建设目标，也是从价值目标层面对社会主义核心价值观基本理念的凝练，在社会主义核心价值观中居于最高层次，对其他层次的价值理念具有统领作用。富强即国富民强，是社会主义现代化国家经济建设的应然状态，是中华民族梦寐以求的美好夙愿，也是国家繁荣昌盛、人民幸福安康的物质基础。民主是人类社会的美好诉求。我们追求的民主是人民民主，其实质和核心是人民当家作主。它是社会主义的生命，也是创造人民美好幸福生活的政治保障。文明是社会进步的重要标志，也是社会主义现代化国家的重要特征。它是社会主义现代化国家文化建设的应有状态，是对面向现代化、面向世界、面向未来的、民族的科学的大众的社会主义文化的概括，是实现中华民族伟大复兴的重要支撑。和谐是中国传统文化的基本理念，集中体现了学有所教、劳有所得、病有所医、老有所养、住有所居的生动局面。它是社会主义现代化国家在社会建设领域的价值诉求，是经济社会和谐稳定、持续健康发展的重要保证。

"自由、平等、公正、法治"，是对美好社会的生动表述，也是从社会层面对社会主义核心价值观基本理念的凝练。它反映了中国特色社会主义的基本属性，是我们党矢志不渝、长期实践的核心价值理念。自由是指人的意志自由、存在和发展的自由，是人类社会的美好向往，也是马克思主义追求的社会价值目标。平等指的是公民在法律面前的一律平等，其价值取向是不断实现实质平等。它要求尊重和保障人权，人人依法享有平等参与、平等发展的权利。公正即社会公平和正义，它以人的解放、人的自由平等权利的获得为前提，是国家、社会应然的根本价值理念。法治是治国理政的基本方式，依法治国是社会主义民主政治的基本要求。它通过法制建设来维护和保障公民的根本利益，是实现自由平等、公平正义的制度保证。

"爱国、敬业、诚信、友善"，是公民基本道德规范，是从个人行为层面对社会主义核心价值观基本理念的凝练。它覆盖社会道德生活的各个领域，是公民必须恪守的基本道德准则，也是评价公民道德行为选择的基本价值标准。爱国是基于个人对自己祖国依赖关系的深厚情感，也是调节个人与祖国关系的行为准则。它同社会主义紧密结合在一起，要求人们以振兴中华为己任，促进民族团结、维护祖国统一、自觉报效祖国。敬业是对公民职业行为准则的价值评价，要求公民忠于职守、克己奉公、服务人民、服务社会，充分体现了社会主义职业精神。诚信即诚实守信，是人类社会千百年传承下来的道德传统，也是社会主义道德建设的重点内容。它强调诚实劳动、信守承诺、诚恳待人。友善强调公民之间应互相尊重、互相关心、互相帮助、和睦友好，努力形成社会主义的新型人际关系。

　　2. 社会主义核心价值观的发展历程

　　社会主义核心价值观不是一蹴而就凭空产生的。纵观新中国以及中华传统文化的发展历程，以及改革开放以来中国精神文明建设的逐步深化，我们可以发现核心价值观是在我国改革开放的过程中逐渐凝练而成的。作为青年学生，我们有必要了解这一过程。可以说，社会主义核心价值观的形成历史，和我们学习"四史"是有着紧密联系的。

　　新中国的建立，确立了社会主义基本政治制度、基本经济制度和以马克思主义为指导思想的社会主义意识形态，为社会主义核心价值体系建设奠定了政治前提、物质基础和文化条件。改革开放以来，我国社会主义意识形态建设不断进行新的探索，提出了从建设社会主义核心价值体系到以"三个倡导"为内容，积极培育和践行社会主义核心价值观的重要论断和战略任务。社会主义核心价值观的提出有其历史线索，是我们党不断丰富和创新理论成果的集中反映。

　　1978 年 12 月，党的十一届三中全会重新恢复和确立了实事求是的思想路线，坚持把马克思主义与改革开放和我国社会主义建设伟大实践相结合，科学继承了毛泽东思想，创立了邓小平理论、"三个代表"重要思想、科学发展观等马克思主义中国化最新成果，马克思主义在意识形态领域的指导地位不断巩固。

　　2006 年 3 月，我党提出了"八荣八耻"的社会主义荣辱观，继承和发展了我们党关于社会主义思想道德建设褒荣贬耻、我国古代的"知耻"文化传统，同时又赋予了新的时代内涵，深化了我们党对社会主义道德建设规律的认识。

　　2006 年 10 月，党的十六届六中全会第一次明确提出了"建设社会主义核心价值体系"的重大命题和战略任务，明确提出了社会主义核心价值体系的内容，并指出社会主义核心价值观是社会主义核心价值体系的内核。学界对社会主义核心价值观的概括开始深入探讨。

　　2007 年 10 月，党的十七大进一步指出了"社会主义核心价值体系是社会主义意识形态的本质体现"。

　　2011 年 10 月，党的十七届六中全会强调，社会主义核心价值体系是"兴国之魂"，建设社会主义核心价值体系是推动文化大发展大繁荣的根本任务。提炼和概括出简明扼要、便于传播践行的社会主义核心价值观，对于建设社会主义核心价值体系具有重要意义。

　　2012 年 11 月，中共十八大报告明确提出"三个倡导"，即"倡导富强、民主、文明、和谐，倡导自由、平等、公正、法治，倡导爱国、敬业、诚信、友善，积极培育社会主义核心价值观"，这是对社会主义核心价值观的最新概括。

2013年12月，中共中央办公厅印发《关于培育和践行社会主义核心价值观的意见》，明确提出，以"三个倡导"为基本内容的社会主义核心价值观，与中国特色社会主义发展要求相契合，与中华优秀传统文化和人类文明优秀成果相承接，是我们党凝聚全党全社会价值共识做出的重要论断。

2017年10月18日，习近平同志在十九大报告中指出，要培育和践行社会主义核心价值观。要以培养担当民族复兴大任的时代新人为着眼点，强化教育引导、实践养成、制度保障，发挥社会主义核心价值观对国民教育、精神文明创建、精神文化产品创作生产传播的引领作用，把社会主义核心价值观融入社会发展各方面，转化为人们的情感认同和行为习惯。坚持全民行动、干部带头，从家庭做起，从娃娃抓起。深入挖掘中华优秀传统文化蕴含的思想观念、人文精神、道德规范，结合时代要求继承创新，让中华文化展现出永久魅力和时代风采。

2018年3月11日，第十三届全国人民代表大会第一次会议通过《中华人民共和国宪法修正案》，宪法第二十四条第二款中"国家提倡爱祖国、爱人民、爱劳动、爱科学、爱社会主义的公德"修改为"国家倡导社会主义核心价值观，提倡爱祖国、爱人民、爱劳动、爱科学、爱社会主义的公德"。这一款相应修改为："国家倡导社会主义核心价值观，提倡爱祖国、爱人民、爱劳动、爱科学、爱社会主义的公德，在人民中进行爱国主义、集体主义和国际主义、共产主义的教育，进行辩证唯物主义和历史唯物主义的教育，反对资本主义的、封建主义的和其他的腐朽思想。"

二、高校践行社会主义核心价值观的必要性

高等院校在我国的人才培养中扮演着非常重要的角色，除了专业知识的传授，对青年学生个体精神和灵魂的塑造，也应该承担起必要的使命。当前，社会主义核心价值观在高校课堂内外的灌输和培养已是我们每一位教育者的任务。从国际国内形势、物质文明和精神文明建设和中华民族的发展来看，核心价值观的传播和学习已经是当务之急。

1. 我国社会主义发展的内在需要

面对世界范围思想文化交流交融交锋形势下价值观较量的新态势，面对改革开放和发展社会主义市场经济条件下思想意识多元、多样、多变的新特点，积极培育和

践行社会主义核心价值观,对于巩固马克思主义在意识形态领域的指导地位、巩固全党全国人民团结奋斗的共同思想基础,对于促进人的全面发展、引领社会全面进步,对于集聚全面建成小康社会、实现中华民族伟大复兴中国梦的强大正能量,具有重要现实意义和深远历史意义。

(1)是国际国内形势发展的需要。从适应国内国际大局深刻变化看,我国正处在大发展大变革大调整时期,在前所未有的改革、发展和开放进程中,各种价值观念和社会思潮纷繁复杂。国际敌对势力正在加紧对我们实施西化分化战略图谋,思想文化领域是他们长期渗透的重点领域。面对世界范围思想文化交流交融交锋形势下价值观较量的新态势,面对改革开放和发展社会主义市场经济条件下思想意识多元多样多变的新特点,迫切需要我们积极培育和践行社会主义核心价值观,扩大主流价值观念的影响力,提高国家文化软实力。

(2)是社会主义社会发展的需要。从推进国家治理体系和治理能力现代化要求看,培育和弘扬核心价值观,有效整合社会意识,是国家治理体系和治理能力的重要方面。全面深化改革,完善和发展中国特色社会主义制度,推进国家治理体系和治理能力现代化,必须解决好价值体系问题,加快构建充分反映中国特色、民族特性、时代特征的价值体系,在全社会大力培育和弘扬社会主义核心价值观,提高整合社会思想文化和价值观念的能力,掌握价值观念领域的主动权、主导权、话语权,引导人们坚定不移地走中国道路。

(3)是人民不断提高的精神需要。从提升民族和人民的精神境界看,核心价值观是精神支柱,是行动向导,对丰富人们的精神世界、建设民族精神家园,具有基础性、决定性作用。一个人、一个民族能不能把握好自己,很大程度上取决于核心价值观的引领。发展起来的当代中国,更加向往美好的精神生活,更加需要强大的价值支撑。要振奋起人们的精气神,增强全民族的精神纽带,必须积极培育和践行社会主义核心价值观,铸就自立于世界民族之林的中国精神。

(4)是中华民族伟大复兴的需要。从实现民族复兴中国梦的宏伟目标看,核心价值观是一个国家的重要稳定器,构建具有强大凝聚力感召力的核心价值观,关系社会和谐稳定,关系国家长治久安。实现"两个一百年"的奋斗目标,实现中华民族伟大复兴的中国梦,必须有广泛的价值共识和共同的价值追求。这就要求我们持续加强社会主义核心价值体系和核心价值观建设,巩固全党全国各族人民团结奋斗的共同思想基础,凝聚起实现中华民族伟大复兴的中国力量。

从近几年的重大节日来看,一个国家的强盛在其精神层面也显得尤为重要。国庆阅兵、"感动中国""最美教师"等精神层面的活动既能鼓励先进，又能提升人民的爱国热情和自豪感，引领积极向上、健康正面的人生导向，无论是对于个体成长还是社会健康发展，都是非常重要的。

2. 高等教育的必然要求

高校社会主义核心价值观生活化，必须加大舆论宣传的力度，营造践行社会主义核心价值观的良好氛围；必须加大实践养成的力度，引导学生将社会主义核心价值观与自身的学习和道德修养紧密结合；必须加大制度建设的力度，发挥制度在规范学生行为和引导学生践行社会主义核心价值观中的积极作用。

（1）是人类个体发展的必然要求。由于大学生正处于身心发展与形成价值观的重要时期，思维活跃更易接受不同的价值观，然而又因为科学思维与实践经验不足，通常很难辨别复杂的社会思潮与多元化价值观，大学生具有较强的可塑性与缺乏判断力，致使其在认同和践行社会主义核心价值观时具有长期性、周折性特点。大学生种种不足之间具有密切关系，致使难以真正认识、认同、践行社会主义核心价值观。

（2）是"知行合一"的必然要求。从理论角度来看，许多大学生还是比较认同社会主义价值观的，并且在一定程度上积极地进行了内化。但是，从实践角度来看，因为各高校在价值观教育上与现实生活脱节，忽视了大学生也重视社会热点问题和亲身经历的实际困惑。同时在大学生社会实践上比较敷衍，存在形式主义。不管是社会实践内容还是实践主体的选择，都存在表面形式的问题。

（3）是社会主义教育目标的必然要求。社会主义核心价值观是新时代大学生立德树人教育的重要维度，也是高校办好中国特色社会主义大学、坚持立德树人根本任务的重要体现，"要把立德树人融入思想道德教育、文化知识教育、社会实践教育各环节"[①]。新时代，依托校园文化熏陶培育大学生社会主义核心价值观，有着深层的理论渊源和文化依托，对增强大学生道路自信、理论自信、制度自信、文化自信具有重大的现实意义。

3. 网络时代的必然要求

提高核心价值观传播受众的主体地位。传播是信息交流的互动过程，高校社会主义核心价值观传播的主体受众是大学生。"必须突出受众在社会主义核心价值观

---

① 张烁.坚持中国特色社会主义教育发展道路 培养德智体美劳全面发展的社会主义建设者和接班人[N].人民日报，2018 - 09 - 11.

传播过程中的主体性地位,激发受众的积极性和能动性。"①大学生话语变迁很大程度上反映其内在的思想和意识变化,凸显他们是活生生的、有主观能动性的群体。高校在社会主义核心价值观传播中,充分认识大学生话语变迁,尊重话语群体的典型特征和个性差异,注重在传播中利用大学生话语方式进行两者互动,既还原了受众的主体性地位,又更加尊重受众的主体地位。

拓展核心价值观的传播空间。当前大学生是上网主力军,同时是制造和使用网络流行语的中坚力量。大学生话语变迁在内容和形式上表现为源源不断的流行语及微博、微信等"微媒体"形成的"微话语"。网络流行语、"微话语"作为社会主义核心价值观的新话语载体,改变了传统媒介作为传播主流价值观话语的主战场地位,拓展了社会主义核心价值观传播的空间和形式,加强了社会主义核心价值观在网络空间占位发声的影响力,增强了核心价值观传播效应。

当代大学生的特征决定了传统教育模式空洞的话语表达难以使其与话语主体产生情感共鸣,从而必然会削弱其认同感。因此,必须从大学生的特点入手,丰富话语表达方式,进而引发其情感共鸣。从表达形式看,复杂问题的简单解释更容易吸引人。要推动表达符号的升级,引入符合大学生表达习惯的象形符号、拟声符号和隐喻符号,如表情包等,将社会主义核心价值观融入大学生的日常话语中;要巧妙利用仪式及历史记忆,如升旗仪式等,让彰显社会主义核心价值观的显性和隐性话语渗透大学生的生活细节。从叙事方式来看,平凡、细小的叙事相对于宏大叙事而言,更契合大学生的需求,要从个体实际出发,将每个具体而微的生命个体的生活点滴通过故事设置,以生活化和新兴的语言进行叙述解读,使社会主义核心价值观更微观、具体,也更深入人心。从表达范式来看,要运用对话式、分享式话语,强化大学生的在场性,并运用生活化、大众化、现代化的话语引导其参与价值观的讨论。

三、高校践行社会主义核心价值观的途径

1. 思政课是引领社会主义核心价值观的主阵地

习近平指出:"要深入开展中国特色社会主义宣传教育,把全国各族人民团结和凝聚在中国特色社会主义伟大旗帜之下。要加强社会主义核心价值体系建设,积极培育和践行社会主义核心价值观,全面提高公民道德素质,培育知荣辱、讲正气、做

---

①　王海建.社会主义核心价值观精准传播论析[J].社会主义核心价值观研究,2017(1):69-75.

奉献、促和谐的良好风尚。"①总书记的讲话对高校意识形态工作提出了新要求，因此高校要切实加强对大学生的宣传教育，提高大学生的是非观念，明确什么行为是高尚的，什么行为是可耻的；什么行为是社会提倡的，什么行为是社会反对的，从而知荣弃耻，自觉践行社会主义核心价值观。要帮助学生树立正确的世界观、人生观、价值观，自觉抵制不良风气的影响，培育大学生的浩然正气。要培养大学生的奉献意识，认清时代赋予的历史使命，将个人的命运与国家的命运紧密地结合起来，在实现"中国梦"的伟大实践中放飞青春梦想。要引导学生勤奋学习，努力成才，为校园良好学风的形成作出积极的贡献，促进和谐校园建设。在文化多样化的今天，要充分挖掘马克思主义理论中的文化内涵，通过思想政治理论课传播主流意识形态，坚持正面教育和正面引领，壮大校园文化创建主旋律，弘扬校园文化环境中的正能量。

2. 中华优秀传统文化是涵养社会主义核心价值观的源泉

国学经典不仅是我国传统文化的精髓，更是民族精神的载体，蕴含着丰富的文化内涵，在几千年传承与发展的过程中，已经在每个中国人的心灵深处刻下了深深的烙印，渗透到社会意识与民族行为当中，无论在各个历史时期，都显现出旺盛的生命力，有着极高的时代价值。传统文化是先人留给我们的最宝贵的精神财富，是中华文明发展史的缩影，名著与经典成为传统文化最有效的传播媒介，即使历经岁月的打磨，饱经战争的洗礼，依然散发出灿烂的光芒。所以，阅读经典名著，这是传承传统文化的必由之路。

要将中华优秀传统文化融入思想政治理论课教育教学，"培育和弘扬社会主义核心价值观必须立足中华优秀传统文化"②。充分挖掘传统文化中的思想政治教育因素，探索新的呈现形式，赋予新的时代内涵，并积极融入校园各种活动中，重视民族传统节日的思想熏陶和文化教育功能。文化是一个民族内在发展的产物，孕育并塑造着一个民族独特的精神气质和思想品格。

在党的十九大报告中，习近平总书记指出，文化是一个国家、一个民族的灵魂。没有高度的文化自信，没有文化的繁荣兴盛，就没有中华民族伟大复兴。中国优秀传统文化经过了实践检验、时间检验和社会择优继承检验而保留下来，是一个丰富的有机整体，是中华民族的气象所在，是社会主义核心价值观的深厚土壤。

（1）大力倡导爱国主义精神。爱国主义是中国传统文化的灵魂，是我们民族的

①　习近平.胸怀大局把握大势着眼大事　努力把宣传思想工作做得更好［N］.人民日报，2013－08－20.
②　习近平.把培育和弘扬社会主义核心价值观作为凝魂聚气强基固本的基础工程［N］.人民日报，2014－02－26.

生命力、凝聚力和创造力的不竭源泉。

爱国主义体现了人民群众对祖国的深厚感情,同民族的发展历史和未来命运联系在一起,已经升华为一种文化。

中国历史上无数的仁人志士,用他们的英勇故事谱写了一曲曲爱国的赞歌。"亦余心之所善兮,虽九死其犹未悔"是屈原爱国的真实写照;"位卑未敢忘忧国,事定犹须待阖棺",即使身无一官半职也时刻挂念国家;"苟利国家生死以,岂因祸福避趋之",在国家兴亡与个人荣辱之间,宁可牺牲个人利益也要保全国家利益,个人得失永远排在国家利益之后。爱国情怀内化于心,外化于行,已经像烙印一样镌刻在中华儿女的内心深处,成了一条横亘古今的中华民族的脊梁。

(2)"以民为本"是中华民族代代相传的重要基石。我国的民本思想源远流长,其滥觞于商周时期,社会激烈变革的春秋时代,孔子思想的核心是"仁",其主张"为政以德",向执政者提出"道千乘之国,敬事而信,节用爱人,使民以时",要求执政者与民为善。孟子在孔子"仁学"的基础上,更是倡导"民为贵,社稷次之,君为轻"。这种朴素的民本思想充分体现了人民的重要地位。荀子在继承儒家民本思想方面颇有建树。《荀子·王制》在辨析统治者与被统治者的相互依存关系时说"水则载舟,水则覆舟",对王朝兴衰和"君"与"庶人"的利害关系做了入木三分的诠释。

民本思想在中国历史上具有深远影响,是中国哲学史上重要的传统思想之一。唐宋还出现了许多文学艺术作品来关注民生,如《卖炭翁》《寒地百姓吟》等,无疑对中国封建社会后期民本思想的发扬光大产生了积极的推动作用。民本思想为中国社会主义民主政治建设提供了宝贵的思想资源。

(3)天人合一的理念是构建人类命运共同体的古老渊源。在中国传统文化中,有关和谐的思想非常丰富,在人与自然方面,主张天人合一。老子提出"人法地,地法天,道法自然",庄子提出"天地与我并生,而万物与我为一",都强调人与自然的有机统一,人类应该在认识自然、尊重自然的基础上,崇尚自然,顺应自然,从而达到与自然的和谐相处。

在人与社会方面,在处理好人际关系上,孔子强调"以和为贵",孟子提出"天时不如地利,地利不如人和",道家文化强调"福祸相依",都说明了要宽厚处世,与人为善,共同营造一个和谐的相处环境。在处理好民族与民族、国家与国家的关系上,儒家强调"协和万邦",并提出"仁、义、礼、恭、宽、信、敏、惠、智、勇、忠、恕、孝"等一系列道德原则。总之,和谐理念是中国传统文化的思想精髓,中华民族自古以来就是一个崇尚和谐的民族,这些和谐思想和精神对建设新时代中国特色社会主义具有重要的借鉴意义。

（4）革故鼎新的创新精神是中华民族长盛不衰的活力源泉。中华优秀传统文化中蕴藏着深厚的创新精神，正是因为这种精神才使得中国文化没有像古埃及文化、巴比伦文化、玛雅文化那样衰落乃至毁灭了，反而历经5 000年长盛不衰，永葆青春。

中国优秀传统文化中蕴含着刚健、进取的自强精神，这是国家兴旺发达的不竭源泉。《周易·乾》曰："天行健，君子以自强不息。"《礼记》云："苟日新，日日新，又日新。"这是对奋发向上、刚健进取精神的集中概括和生动写照，表现了中华儿女一种锐意进取、开拓创新和与时俱进的积极人生观，这种融入民族文化血液的精神，激励着中华民族"以不息为体，以日新为道"，勇于开拓，不断创新。《易传》曰："通其变，使民不倦；神而化之，使民宜之；易，穷则变，变则通，通则久。"这反映了中国人的一种创新思维。"夫物新则壮，旧则老；新则鲜，旧则腐；新则治，旧则板；新则通，旧则滞，物之理也"的论述更是将这种观点发挥到极致。千百年来，这种革故鼎新的变易思想使中国文化高潮迭起，源远流长。

3. 丰富的道德体系是中华传统文化的显著特征

学习中国文化我们可以发现：没有中国传统文化的孕育，便没有如此极富中华民族特色的道德内涵、哲学思想、价值观念以及行为规范。它要求人们：要仁爱济众，不要恶意向人；要重义轻利，不要见利忘义；要守礼、修身，不要无礼莽撞；要睿智、博学，不要孤陋寡闻；要诚实、守信，不要失信于人；要忠仁、端直，不要叛逆、奸行；要循孝、敬老，不要目无尊长；要廉洁、自爱，不要贪赃枉法；要知耻、向义，不要寡廉鲜耻；要谦虚、谨慎，不要专横跋扈等。中国文化上下5 000年持续不绝，历久弥坚，必有其不断发展的精神内涵，道德价值取向则是中华民族在精神形态上的基本思想。荀子曰："人有气有生有知亦有义，故最为天下贵也。"道义被看作人与动物的根本区别。孔子曰："君子喻于义，小人喻于利。"这就鞭策人们自觉加强道德修养，追求人格完善，致力于淡泊名利。

4. 新媒体是传播社会主义核心价值观的技术载体

当前，青年学生和各种新媒体的接触十分紧密。各种形式的新媒体已经成为广大青年学子获取各方面信息的重要来源载体，这是教育工作者不得不重视的客观事实。我们要发挥精神文化产品育人化人的重要功能，一切文化产品、文化服务和文化活动，都要弘扬社会主义核心价值观，传递积极人生追求、高尚思想境界和健康生活情趣。要达到这些目的，就需要认真仔细研究新媒体的各种技术手段和传播方式,并为我所用。

将新媒体用于提升文化产品的思想品格和艺术品位,用思想性艺术性观赏性相统一的优秀作品,弘扬真善美,贬斥假恶丑。加强对新型文化业态、文化样式的引导,让不同类型文化产品都成为弘扬社会主流价值的生动载体。利用技术手段,加大对优秀文化产品的推广力度,开展优秀文化产品展演展映展播活动、经典作品阅读观看活动。利用现代技术,完善文化产品评价体系,坚持文艺评论评奖的正确价值取向。利用大数据技术,完善公共文化服务体系,补齐"短板",提供均等优质的文化产品,开展多姿多彩的文化活动,丰富群众精神文化生活。

四、小　　结

我们的大学应该高举中国特色社会主义伟大旗帜,以邓小平理论、"三个代表"重要思想、科学发展观为指导,深入学习贯彻党的十八大、十九大精神和习近平同志系列讲话精神,紧紧围绕坚持和发展中国特色社会主义这一主题,紧紧围绕实现中华民族伟大复兴中国梦这一目标,紧紧围绕"三个倡导"这一基本内容,注重宣传教育、示范引领、实践养成相统一,注重政策保障、制度规范、法律约束相衔接,使社会主义核心价值观融入人们生产生活和精神世界,激励全体人民为夺取中国特色社会主义新胜利而不懈奋斗。

习近平总书记提出"青年兴则国兴,青年强则国强",当前大学生建设的首先工作是加强建设思想政治,这与大学生的发展和成才具有密切关联。社会主义核心价值观对社会主义现代化建设具有重要影响,当前面对百年未有之大变局,各种思想文化交流激荡程度前所未有,思想政治建设任务繁重,应稳固马克思主义重要指导地位,弘扬社会主义核心价值观,建设高校良好的思想政治环境。在大学生践行核心价值观过程中,高校应以课堂教育为基础,加以正确引导,优化舆论宣传方式,构建大学生乐于接受的网络参与平台,促使学校、教师及大学生进行良性互动。同时,促使大学生在实践中加强理解与认同,在实践中践行核心价值观,实现知行合一。

后　　记

　　《人文中国》（修订版）在取得立项后，课题组成员在项目负责人秦淑娟教授的带领下，进行了具体章节的讨论和分工。在初版基础上，删减了一些章节内容，同时增加了一些章节，并重新编订了课程体系。

　　各章分工如下：第一讲"大学校训与人文情怀"由殷耀负责编写，第二讲"古代经济思想的人文精神"由许军负责编写；第三讲"道家佛家文化的人文精神"由胡永中负责编写，第四讲"史家文化的人文精神"由张国义、严孟娇负责编写，第五讲"体育文化的人文精神"由张波负责编写，第六讲"城市文化的人文精神"由庾向芳负责编写，第七讲"大学文化的人文精神"由秦淑娟负责编写，第八讲"家庭文化的人文精神"由王红丽负责编写，第九讲"弘扬中华优秀文化，塑造人文精神"由孙益波负责编写，第十讲"践行社会主义核心价值观，加强精神文明建设"由祁明负责编写。全书稿件完成后，由秦淑娟、孙益波负责校对和统稿。

　　由于水平有限，书中疏漏之处，恳请读者不吝指出。